Motivação e satisfação no trabalho:
em busca do bem-estar de indivíduos e organizações

**EDITORA
intersaberes**

DIALÓGICA

O selo DIALÓGICA da Editora InterSaberes faz referência
às publicações que privilegiam uma linguagem na qual o autor
dialoga com o leitor por meio de recursos textuais e visuais,
o que torna o conteúdo muito mais dinâmico. São livros que criam
um ambiente de interação com o leitor – seu universo cultural,
social e de elaboração de conhecimentos –, possibilitando um real
processo de interlocução para que a comunicação se efetive.

Motivação e satisfação no trabalho:
em busca do bem-estar de indivíduos e organizações

Carolina Walger
Larissa Viapiana
Mariana Monfort Barboza

EDITORA intersaberes

Rua Clara Vendramin, 58 . Mossunguê
CEP 81200-170 . Curitiba . Paraná . Brasil
Fone: (41) 2106-4170
www.intersaberes.com
editora@editoraintersaberes.com.br

conselho editorial . Dr. Ivo José Both (presidente)
Dr.ª Elena Godoy
Dr. Nelson Luís Dias
Dr. Neri dos Santos
Dr. Ulf Gregor Baranow

editora-chefe . Lindsay Azambuja

supervisora editorial . Ariadne Nunes Wenger

analista editorial . Ariel Martins

capa . Sílvio Gabriel Spannenberg (*design*)
Fotolia (imagens)

projeto gráfico . Mayra Yoshizawa

Dados Internacionais de Catalogação na Publicação (CIP)
(Câmara Brasileira do Livro, SP, Brasil)

Walger, Carolina
  Motivação e satisfação no trabalho: em busca do bem-estar de indivíduos e organizações / Carolina Walger, Larissa Viapiana, Mariana Monfort Barboza. Curitiba: InterSaberes, 2014.
  Bibliografia.
  ISBN 978-85-443-0114-2

1. Comportamento organizacional 2. Desempenho 3. Eficiência organizacional 4. Motivação no trabalho 5. Pessoal - Motivação I. Viapiana, Larissa. II. Barboza, Mariana Monfort. III. Título.

14-11289   CDD-658.314

Índice para catálogo sistemático:
1. Motivação de pessoal: Administração de empresas 658.314

1ª edição, 2014

Foi feito o depósito legal.

Informamos que é de inteira responsabilidade das autoras a emissão de conceitos.

Nenhuma parte desta publicação poderá ser reproduzida por qualquer meio ou forma sem a prévia autorização da Editora InterSaberes.

A violação dos direitos autorais é crime estabelecido na Lei n. 9.610/1998 e punido pelo art. 184 do Código Penal.

Sumário

Agradecimentos 7
Apresentação 9
Como aproveitar ao máximo este livro 11

1. Definição, conceitos e fatores de motivação 15
   Motivação: introdução 17
   Conceitos e definições de motivação 18
   Motivação no trabalho 25

2. Teorias da motivação 45
   Teorias motivacionais 47
   Teorias motivacionais tradicionais 52
   Teorias contemporâneas sobre motivação 68

3. Aplicando conceitos e teorias da motivação
   na prática organizacional 91
   Premissas básicas 93
   Utilizando a administração por objetivos 96
   Programas de reconhecimento dos empregados 99
   Programas de envolvimento dos empregados 103
   Planejamento do trabalho 107
   Flexibilidade do trabalho 116
   Programas de remuneração variável 122
   Planos de remuneração por competências 126
   Benefícios flexíveis 128

4. Importância, definição, conceitos e causas
   da satisfação no trabalho 137
   A função psicológica do trabalho 140
   Conceitos e definição de satisfação no trabalho 143

Uma reflexão sobre causas e efeitos da satisfação
no trabalho 146
Causas ou antecedentes da satisfação no trabalho 147
Satisfação no trabalho como variável mediadora 162

5. Efeitos, mensuração e melhoria da satisfação
no trabalho 167
Efeitos ou consequências da satisfação no trabalho 169
Mensuração da satisfação no trabalho 174
Da insatisfação à satisfação no trabalho 183

6. Qualidade de vida no trabalho (QVT) 189
Definindo qualidade de vida no trabalho (QVT) 191
Componentes da QVT 194
Modelos de QVT 196
Programas de qualidade de vida
no trabalho (PQVTs) 200

Para concluir... 215
Referências 217
Respostas 233
Sobre as autoras 243

Agradecimentos

Carolina Walger
A Deus e à minha família, fontes inesgotáveis de motivação e satisfação.

Larissa Viapiana
A Deus, à minha família e aos meus amigos.

Mariana Monfort Barboza
Aos meus pais, Mario e Graciela, e ao meu irmão Fabricio, fontes de minhas motivações diárias. Às minhas parceiras nesta obra, Carolina Walger e Larissa Viapiana, pelas trocas de conhecimento no decorrer desta construção. À contribuição da psicóloga e professora mestre Ana Paula Escorsin, que compartilhou um pouco de sua experiência conosco na elaboração de um estudo de caso para este livro. À minha amiga Karoline Walesko, por sempre estar disponível para uma boa conversa e um bom café, para arejar minhas ideias. A Carla Souza, pelo convite e confiança na escrita desta obra. E a todos que contribuíram, direta ou indiretamente, para a construção deste livro, muito obrigada!

Apresentação

O objetivo deste livro é apresentar os temas da motivação e da satisfação no trabalho, aprofundando os conceitos e sua aplicabilidade no contexto organizacional.

No primeiro capítulo, abordaremos os principais conceitos de motivação, diferenciando os termos *incentivo, impulso, instinto* e *necessidade*, bem como *motivação intrínseca* de *extrínseca*. Demonstraremos os principais modelos de motivação, bem como os principais fatores que servem de mediação na relação entre a motivação e o desempenho no trabalho. Iniciaremos, também, a exposição sobre as formas de motivação utilizadas pelas empresas.

No Capítulo 2, apresentaremos as principais teorias motivacionais. O capítulo iniciará com a evolução das teorias de gestão, de modo a esclarecer como se originaram. Em seguida, serão examinadas as teorias motivacionais tradicionais (teoria da hierarquia das necessidades, teoria X e Y, teoria dos dois fatores). Por fim, enfocaremos as teorias contemporâneas sobre motivação (teoria ERG, teoria das necessidades, teoria da avaliação cognitiva, teoria da fixação de objetivos, teoria do reforço, teoria do planejamento do trabalho, teoria da equidade e teoria da expectativa).

A seguir, no Capítulo 3, vamos refletir sobre como colocar em prática os conceitos referentes à motivação e às teorias da motivação. Serão apresentadas alternativas para transformar as teorias em programas práticos a fim de motivar os trabalhadores: administração por objetivos, programas de reconhecimento e envolvimento de empregados, planejamento e flexibilidade do trabalho, remuneração variável e por competências e benefícios flexíveis.

No quarto capítulo, discorreremos sobre os conceitos de satisfação e insatisfação no trabalho, como emoção ou atitude. Abordaremos, ainda, alguns elementos do processo envolvido nas avaliações de satisfação no trabalho e os fatores causadores ou antecedentes da satisfação (e da insatisfação) no trabalho, dividindo-os, principalmente, em fatores relativos à situação do trabalho e fatores relativos ao trabalhador. Porém, antes disso, faremos um breve resgate acerca da importância do trabalho para o ser humano, em especial quanto à sua função psicológica.

No capítulo seguinte, analisaremos os fatores consequentes e/ou efeitos da satisfação no trabalho, como o desempenho do trabalhador e da organização e a saúde, o bem-estar e a satisfação geral de vida do trabalhador. Além disso, trataremos da satisfação no trabalho, sua importância e questões relevantes. Por fim, verificaremos aspectos que podem contribuir, por meio da ação do gestor, para o aumento da satisfação e para a decorrente diminuição da insatisfação no trabalho.

O último capítulo enfocará a qualidade de vida no trabalho (QVT), de forma a esclarecer esse conceito, identificar seus componentes e os principais modelos explicativos, assim como examinar a maneira como os programas de qualidade de vida no trabalho (PQVTs) estão sendo aplicados na prática.

Como aproveitar ao máximo este livro

Este livro traz alguns recursos que visam enriquecer o seu aprendizado, facilitar a compreensão dos conteúdos e tornar a leitura mais dinâmica. São ferramentas projetadas de acordo com a natureza dos temas que vamos examinar. Veja a seguir como esses recursos se encontram distribuídos na obra.

Conteúdos do capítulo

Logo na abertura do capítulo, você fica conhecendo os conteúdos que serão abordados.

Após o estudo deste capítulo, você será capaz de:

Você também é informado a respeito das competências que irá desenvolver e dos conhecimentos que irá adquirir com o estudo do capítulo.

Estudos de caso

Esta seção traz ao seu conhecimento situações que vão aproximar os conteúdos estudados de sua prática profissional.

> **Estudo de caso**
>
> Leia a seguir um estudo de caso escrito pela Professora Ana Escorsin especialmente para esta obra.
>
> **Motivação humana e suas influências**
>
> O caso relata a história de um executivo que atendi em processo de *coaching*. Sou psicóloga, atuo como psicoterapeuta, *coach*, consultora em gestão de pessoas e professora. Em meu trabalho, ouço as dúvidas, indagações, queixas, sofrimentos e angústias dos seres humanos.
>
> Tanto a terapia como o *coaching* contribuem para que as pessoas expressem suas histórias e organizem seus pensamentos e sentimentos, para que possam se conhecer, identificar competências, talentos e motivações, a fim de, com isso, reorganizarem a própria vida, dando-lhe propósitos próprios.
>
> Certa vez, um executivo de uma grande corporação procurou-me para fazer *coaching*. Na primeira sessão, conversamos sobre o que era o *coaching* e sobre o que o motivava a buscá-lo.
>
> Esclarecemos um ao outro que o *coaching* possibilita ao profissional uma aprendizagem sobre si mesmo, conscientização de suas potencialidades e elaboração de ações para o seu desenvolvimento. Falamos sobre os tipos de *coaching*, ou seja, sobre o *coaching* de vida, o qual permeia todas as dimensões da vida: tanto pessoal como profissional, de saúde, de qualidade de vida e de relacionamento, e também o *coaching* profissional ou executivo, o qual busca desenvolver aspectos ligados à carreira, oferece ao executivo ou ao profissional oportunidade para discutir dificuldades, traçar novos objetivos, melhorar competências e obter eficácia na vida laboral.

Para saber mais

Você pode consultar as obras indicadas nesta seção para aprofundar sua aprendizagem.

> **Para saber mais**
>
> compreender, com precisão, o perfil dos funcionários, para, em seguida, identificar as motivações predominantes na equipe. Assim há mais chance de acertar as técnicas e ferramentas motivacionais adequadas.
>
> Sobre as ferramentas para obtenção do perfil do funcionário, leia a seguinte dissertação de mestrado:
>
> LIMA, T. J. S. **Modelos de valores de Schwartz e Gouveia**: comparando conteúdos, estrutura e poder preditivo. 171 f. Dissertação (Mestrado em Psicologia) – Universidade Federal da Paraíba, João Pessoa, 2012. Disponível em: <http://www.cchla.ufpb.br/ppgpr/pdf/dissertacoes/2012/Tiago%20Jesse%20Souza%20Lima%202012.pdf>. Acesso em: 3 jun. 2014.
>
> Como o perfil motivacional é exclusivo de cada indivíduo, o ideal é que sejam calculados escores médios obtidos pelos empregados da empresa referentes aos diversos tipos motivacionais, para a determinar as motivações ou metas que serão utilizadas pela empresa. Essa análise pode ser global (da empresa toda), no nível de cada um dos setores da empresa e até mesmo no nível das equipes (Tamayo; Paschoal, 2003).
>
> Assim, é possível escolher, entre os motivadores apresentados no Quadro 1.1, aquele que é mais adequado com base no perfil obtido ou, ainda, discutir com uma amostra dos colaboradores estratégias de motivação que eles gostariam que fossem implantadas no ambiente de trabalho, processo que gera uma gestão mais participativa, pois insere o funcionário no processo de tomada de decisão gerencial.
>
> "Isso não quer dizer que para cada funcionário seria necessário desenvolver um programa específico, mas que os programas motivacionais passariam a considerar as especificidades de diferentes equipes e/ou setores organizacionais" (Tamayo; Paschoal, 2003, p. 50).

Síntese

Você dispõe, ao final do capítulo, de uma síntese que traz os principais conceitos nele abordados.

Questões para revisão

Com estas atividades, você tem a possibilidade de rever os principais conceitos analisados. Ao final do livro, a autora disponibiliza as respostas às questões, a fim de que você possa verificar como está sua aprendizagem.

Questões para reflexão

Nesta seção, a proposta é levá-lo a refletir criticamente sobre alguns assuntos e a trocar ideias e experiências com seus pares.

Definição, conceitos e fatores de motivação | 1

Mariana Monfort Barboza

Conteúdos do capítulo

- Conceituação de motivação, diferenciando-a dos termos *incentivo, impulso, instinto* e *necessidade*.
- Diferenciação entre motivação intríseca e motivação extrínseca.
- Modelos de motivação e principais fatores que servem de mediadores na relação entre a motivação e o desempenho no trabalho.
- Formas de motivação utilizadas pelas empresas.

Após o estudo deste capítulo, você será capaz de:

1. conceituar e diferenciar motivo, incentivo, impulso, instinto e necessidade;
2. diferenciar motivação intrínseca de motivação extrínseca;
3. apontar as características principais de um comportamento motivado;
4. compreender a importância do processo de motivação para as empresas.

1.1 Motivação: introdução

> *Escolha um trabalho que você ame e não terás que trabalhar um único dia em sua vida.*
>
> *Confúcio*

Muitas questões sobre o comportamento humano estão relacionadas à motivação. Por que acessamos as mídias sociais frequentemente? Por que há pessoas que passam a maior parte da vida em atividades que não são tão bem remuneradas? Aposto que você conhece alguém que come o tempo todo. O que leva essa pessoa a tal comportamento? O que levou Elizabeth Gilbert, e outras tantas pessoas de que já ouvimos falar, a abandonar uma carreira de sucesso em troca da felicidade? Os psicólogos acreditam que, em parte, os comportamentos decorrem de um processo chamado **motivação**.

> **Para saber mais**
>
> Leia o livro:
>
> GILBERT, E. **Comer, rezar e amar**. Rio de Janeiro: Objetiva, 2008.
>
> Também vale a pena assistir ao filme homônimo.

Começaremos nossa discussão sobre motivação com o caso de Elizabeth Gilbert, retratado em livro e filme homônimo (*Comer, rezar e amar*).

Quando completou 30 anos, Elizabeth Gilbert tinha tudo que alguém poderia querer na vida: um marido apaixonado, uma casa de campo, o projeto de ter filhos e uma carreira de sucesso. Mesmo com tudo isso, e como muitas outras pessoas, Elizabeth sentia-se perdida, confusa e sem saber o que realmente desejava da vida. Nesse momento, resolveu divorciar-se do marido e rever os próprios conceitos de vida. Depois do divórcio e de uma depressão, Elizabeth decidiu sair de sua zona de conforto e arriscar tudo o que tinha para mudar de vida: pediu demissão do emprego, livrou-se de todos os bens materiais e partiu para uma solitária viagem pelo mundo na busca de autoconhecimento e felicidade.

O primeiro destino de Elizabeth foi a Itália, em Roma, onde descobriu o verdadeiro prazer da gastronomia; ela engordou 11 quilos e estudou italiano e artes. Após Roma, foi à Índia, em busca de espiritualidade e devoção. Nesse país, Elizabeth passou meses em uma comunidade na qual as pessoas meditavam, oravam e praticavam ioga, buscando a evolução espiritual. Por último, seu destino foi Bali, na Indonésia, com o objetivo de alcançar o equilíbrio pessoal; foi onde Elizabeth encontrou, finalmente, a paz interior e o equilíbrio de um verdadeiro amor.

O que motivou a impressionante transformação na vida de Elizabeth? O que motiva tantos outros a abandonar tudo e recomeçar? Esses questionamentos serão tratados neste livro, iniciando por este capítulo, que abordará conceitos e definições preliminares.

1.2
Conceitos e definições de motivação

Pense nas áreas da empresa em que você trabalha: finanças, contábil, produção, *marketing* (comercial/vendas) e recursos humanos. Qual é a área que se relaciona fortemente com todas as outras? É a área de recursos humanos, pois é a ela que estão ligados todos os funcionários da empresa.

Em outras palavras, é justamente na área de recursos humanos que os diferenciais competitivos da empresa são criados. Portanto, essa área é essencial para fazer a diferença no mercado; devemos tratar os empregados não mais como funcionários, mas como capitais intelectuais, fontes de geração de recursos da empresa.

> As intempéries que enfrentam os gestores em suas empresas são ainda decorrentes da pouca importância dada aos funcionários e, por isso, as estratégias de valorização das pessoas têm sido implementadas como uma alternativa de se adequarem às novas ordens impostas pela concorrência e competitividade, já que o diferencial está nas pessoas que criam, planejam e executam os produtos e serviços.
> (Trindade; Santos; Cavalcanti, 2007, p. 2)

É fato que no passado, não tão distante assim para algumas empresas, e para outras ainda no presente, os funcionários eram vistos como uma máquina, ou seja, meros geradores de custos para as empresas. Veremos em detalhe esse quadro no Capítulo 2.

Com o tempo, essa visão passou a ser considerada arcaica. Atualmente, vivemos a era da informação e do acesso (novas tecnologias, ou informações em tempo real), na qual não se vendem mais produtos e serviços, mas uma experiência de consumo para o cliente. E, para que se possa entregar valor (conjunto de benefícios) para o usuário final da empresa, precisamos fazer o melhor em nossas tarefas, naquilo que nos é delegado.

Contudo, nosso desempenho, na condição de empregados, depende de uma série de fatores, tais como: treinamento adequado, preocupação – por parte da gerência – em desenvolver os funcionários como membros do "time da empresa", segurança nas atividades dos empregados – tanto na manutenção do emprego como nas condições físicas e emocionais no exercício da atividade –, estrutura organizacional e avaliação de desempenho (se o *feedback* é negativo, neutro ou positivo). Nesse quadro, é importante ressaltar que o desempenho no trabalho está associado, principalmente, a dois fatores, ambos com grande influência para os funcionários: motivação e satisfação no trabalho (Muogbo, 2013).

Mas o que é motivação?

Antes de adentrar a discussão sobre motivação, é importante saber diferenciar *motivos, necessidades, impulsos* e *instintos*, para que não haja confusão entre os conceitos. Para Braghirolli et al. (1998), eles se conceituam assim:

a | As **necessidades** "são exatamente aquilo que a própria palavra parece conotar: deficiências" (Davidoff, 2001, p. 325). Elas podem estar baseadas nas exigências corporais específicas (fome, sede, sono etc.), na aprendizagem ou em alguma combinação de ambas.

b | O **motivo ou motivação** se refere a um estado "interno que pode resultar de uma necessidade" (Davidoff, 2001, p. 325) e que leva as pessoas a persistir no comportamento em busca de sanar suas necessidades. A fome, a sede, a curiosidade, nossa necessidade de realização profissional e pessoal são exemplos de motivos.

c | Quando os motivos surgem e colocam nosso organismo em movimento, como consequência das necessidades, são denominados **impulsos**. A sede, por exemplo, é um impulso, a consequência de uma necessidade que sentimos de tomar água.

d | O **instinto** está ligado aos padrões de ação, como respostas a determinadas situações.

"A maioria dos autores considera a motivação humana como um processo psicológico estreitamente relacionado com o impulso ou com a tendência a realizar com persistência determinados comportamentos" (Tamayo; Paschoal, 2003, p. 35).

Para Robbins (2005, p. 132), "a motivação é o resultado da interação do indivíduo com a situação". Já para Braghirolli et al. (1998, p. 90), "Motivação não é algo que possa ser diretamente observado; infere-se a existência de motivação observando o comportamento. Um comportamento motivado se caracteriza pela energia relativamente forte dispendida e por estar dirigido para um objetivo ou meta".

Por que, para algumas pessoas, ler um livro didático de 200 páginas parece entediante, ainda que ler um livro de 200 páginas sobre moda possa ser divertido? Tudo depende da motivação pessoal. Essa mudança de motivação varia tanto entre os indivíduos quanto no mesmo indivíduo, de acordo com a situação a que se está exposto.

1.2.1 Modelos de motivação

> Para Minicucci (2007, p. 214), "o termo motivo vem do elemento
> MOV= MOVER
> Daí vem a ação de mover, isto é, motivação".

É a motivação que leva as pessoas a agirem em direção aos objetivos; é ela que as mantém persistentes para alcançá-los. Por que escolhemos esse curso? Por que optamos por determinada carreira profissional? Por que, no final do ano, decidimos ir à praia e não ao campo? O que nos mantém focados em nosso propósito é o que se pode chamar de *motivação*.

Existem dois modelos de motivação: o modelo **homeostático** e o de **incentivo**. Muitos impulsos básicos tendem a seguir o modelo homeostático. Para esse modelo de motivação, o corpo apresenta padrões de referência na programação de suas necessidades, que podem ser ótimos, ideais ou equilibrados (Davidoff, 2001). Um exemplo é a temperatura corporal humana, que tem como ponto ótimo algo em torno de 37 °C – abaixo disso a temperatura é considerada abaixo do limite ideal e acima disso representa febre.

Quando o corpo afasta-se substancialmente de um de seus padrões de referência, como o faz continuamente, surge uma necessidade. A necessidade ativa um motivo. O motivo aciona um comportamento voltado para o retorno ao equilíbrio. A motivação, segundo este modelo, serve ao esquema maior do corpo, voltado à autorregulação, ou homeostase (Davidoff, 2001, p. 326).

Figura 1.1 – Modelo homeostático de motivação

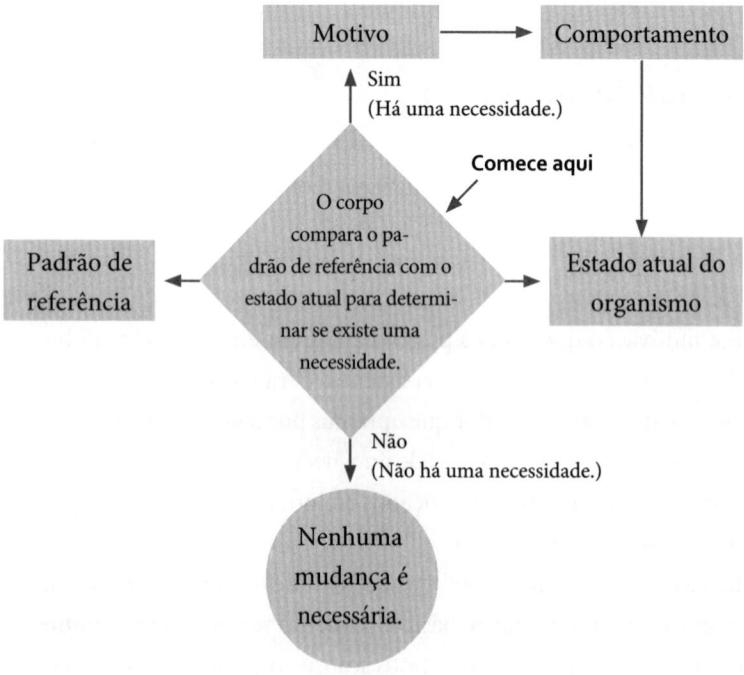

Fonte: Davidoff, 2001, p. 326.

Fome, sede e sono são exemplos de motivações que fazem parte do modelo homeostático. Veja, por exemplo, quando sua barriga "ronca" de fome – trata-se de uma necessidade física (fome) que despertou um motivo (procurar alimento). O motivo (procurar alimento) garante um comportamento em busca do reequilíbrio do sistema (de saciar a fome). Assim, cria-se o modelo homeostático. Há outro modelo no qual o ponto mais importante não é o equilíbrio, mas os incentivos. Os "incentivos são definidos como objetos, eventos ou condições que incitam a ação" (Davidoff, 2001, p. 326). Para o modelo de incentivos, nossas experiências passadas e presentes, além dos incentivos que sofremos, afetam e alteram nossas cognições e emoções, levando à motivação. Assim, a motivação acionará um comportamento, que poderá influenciar novamente as cognições e as emoções, alterando-as.

Figura 1.2 – Modelo de incentivo da motivação

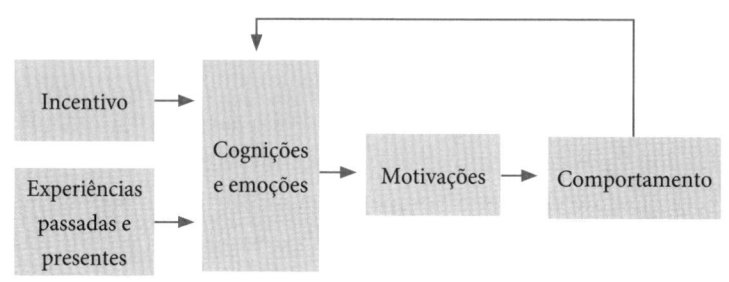

Fonte: Davidoff, 2001, p. 327.

A escolha de um médico, por exemplo, é aplicada num modelo de incentivo. Você precisa se consultar com um dermatologista, mas não conhece nenhum. Provavelmente, buscará informações na internet ou pedirá recomendações a alguém de confiança (incentivo). A força do incentivo dependerá de suas experiências passadas e recentes, ou seja, se as últimas experiências de buscas na internet ou recomendações foram bem sucedidas. Se a recomendação é, por exemplo, de um amigo que costuma consultar médicos com frequência, é muito provável que você se sinta mais à vontade com a indicação. No entanto, se a recomendação é daquele amigo que da última vez o colocou numa "fria", indicando-lhe um médico de que você não gostou e que o deixou esperando cinco horas, é pouco provável que a recomendação soe como um incentivo.

Na prática, os dois modelos tendem a se combinar. Incentivos, emoções e cognições irão se combinar com os mecanismos homeostáticos, visando ao equilíbrio de nosso comportamento. Imagine que você está com fome. O ato de passar por uma churrascaria – se você for fã de carne – e de sentir o aroma de churrasco (incentivo) estimula lembranças agradáveis e produz expectativas de prazer (cognições e emoções), especialmente se você não come churrasco há tempos (experiência passada). Os pensamentos e os sentimentos, em combinação com algum nível de fome, estimulam a motivação, a qual aciona o comportamento. Se você não tiver compromissos e tiver condições financeiras, provavelmente entrará na churrascaria – ou, pelo menos, fará um churrasco em casa para saciar a vontade.

Há dois tipos de incentivos: os intrínsecos e os extrínsecos. Talvez você queira o churrasco porque sentiu o cheiro e viu o ambiente agradável da churrascaria (incentivo extrínseco) ou porque está com fome (incentivo intrínseco). "Aquilo que está motivando intrinsecamente varia de pessoa para pessoa. Todavia, atividades que satisfazem impulsos básicos, como a fome e o sexo, costumam ser intrinsecamente motivadoras" (Davidoff, 2001, p. 327).

Pesquisas indicam que o oferecimento de recompensas pode diminuir o efeito dos incentivos intrínsecos. Você adora tirar fotos (suas e dos amigos) como diversão, ou seja, é uma atividade que você aprecia fazer. Suponha que um dia uma amiga resolva convidá-lo para fazer as fotos do casamento dela e ofereça-lhe um pagamento pelo serviço. O pagamento vai inserir uma nova variável: agora você tem responsabilidade de fazer um excelente trabalho e está sujeito uma cobrança por resultados, afinal, trata-se do casamento de sua amiga. A inserção da recompensa poderá diminuir o efeito do seu prazer de fotografar e tornar a atividade uma obrigação em vez de uma diversão, tal qual era antes (Davidoff, 2001).

Nesse contexto, surge uma questão: as pessoas têm consciência de suas motivações? Para Freud, citado por Davidoff (2001, p. 330), "os seres humanos raramente têm consciência das forças que os motivam". Muitas de nossas atitudes são automáticas.

Podemos dizer o mesmo sobre a motivação no trabalho?

1.3 Motivação no trabalho

Quando falamos em trabalho, pensamos no ambiente em que desenvolvemos nossas atividades profissionais. Como se trata de um ambiente externo (por exemplo, uma empresa), não podemos isolar os fatores que o compõem, tais como a própria cultura da empresa, as situações social, econômica e ambiental do país e do mundo e as "raízes" individuais, ou seja, tudo aquilo constitui o que somos, nossas características individuais.

A motivação no trabalho "manifesta-se pela orientação do empregado para realizar com presteza e precisão as suas tarefas e persistir na sua execução até conseguir o resultado previsto ou o esperado. Geralmente, salientam-se três componentes na motivação: o impulso, a direção e a persistência do comportamento" (Tamayo; Paschoal, 2003, p. 35).

Assim, entende-se que a motivação é o processo de esforço para atingir um objetivo, certo? Porém, de nada adianta a intensidade do esforço se ele não for direcionado corretamente, concorda?

Um exemplo: não adianta a equipe de *marketing* da sua empresa realizar uma promoção de vendas de um produto A (que tem altos índices de venda), se o que está sobrando em estoque, e precisa ser "desovado", é o produto B, pois assim os esforços – em busca de resultados para a empresa – estariam sendo orientados para direções opostas. O que precisa ser promovido, no momento, é o produto que está sobrando no estoque da empresa. Outro fator importante é a capacidade de persistência dos indivíduos perante os obstáculos, também conhecida por *resiliência*. Pessoas motivadas se mantêm na busca por seus objetivos até que sejam atingidos.

Segundo Bergamini (2003), "é importante destacar, ainda, a questão do sentido que as pessoas dão ao seu trabalho, uma vez que se torna difícil experimentar qualquer tipo de satisfação motivacional quando se está ligado a um trabalho que não tem ou não faz o menor sentido para elas". Foi o caso de Elizabeth Gilbert, contado no início do capítulo. De repente, ela percebeu que a carreira de sucesso não mais lhe fazia sentido, e é justamente esse fator que move muitos executivos de sucesso a abandonar a carreira e a recomeçar.

Se o indivíduo "não encontrar no trabalho meios de satisfazer as suas expectativas e de atingir as metas principais da sua existência, ele não se sentirá numa relação de troca, mas de exploração" (Tamayo; Paschoal, 2003, p. 36).

Logo, a motivação para o trabalho é um composto que envolve não somente os indivíduos e suas motivações individuais, como também o trabalho desenvolvido e a organização em que se trabalha, com suas regras e seu clima organizacional próprio, como afirma Leboyer (1974, citado por Bergamini, 2003).

A motivação é um elemento importante do comportamento humano, porém não é único. Somam-se à motivação outras características do comportamento humano, tais como percepção, personalidade, atitudes e aprendizado. A somatória desses fatores compõe uma identidade psicológica que contribui para o nível de comprometimento dos funcionários (Tella; Ayeni; Popoola, 2007).

> É importante ressaltar que estar motivado não é o mesmo que experimentar momentos de alegria, entusiasmo, bem-estar ou euforia. Esses estados podem, até certo ponto, ser considerados efeitos posteriores do processo motivacional, mas nada explicam sobre sua origem nem sobre o caminho percorrido até que sejam alcançados (Bergamini, 2003, p. 64).

Afinal de contas, a motivação é do indivíduo apenas ou pode ser despertada por outras pessoas?

Para responder a esse questionamento, é preciso entender o que são **motivação intrínseca** (do indivíduo) e **motivação extrínseca** (do ambiente).

Existem, *grosso modo*, duas vertentes sobre a motivação humana: uma acredita que é possível motivar o ser humano por meio de técnicas e ferramentas (extrínsecas), enquanto outra acredita que ninguém pode motivar ninguém, ou seja, as pessoas são automotivadas ou não (intrínsecas). Qual dessas teorias está correta? Vamos analisá-las juntos?

> Essas duas maneiras de pensar são a ilustração da crença de que existem diferentes maneiras de justificar as ações humanas. No primeiro caso, pressupõe-se que a força que conduz o comportamento motivado está fora da pessoa, quer dizer, nasce de fatores extrínsecos que são, de certa forma, soberanos e alheios à sua vontade. No segundo caso, subjaz a crença de que as ações humanas são espontâneas

e gratuitas, uma vez que têm suas origens nas impulsões interiores; assim sendo, o próprio ser humano traz em si seu potencial e a fonte de origem do seu comportamento motivacional. (Bergamini, 1990, p. 25)

É polêmico dizer que "ninguém motiva ninguém", não? Segundo Bergamini (2003, p. 64), a motivação é "um tipo de ação que vem dos próprios indivíduos [...] de uma fonte autônoma de energia cuja origem se situa no mundo interior de cada um, e que não responde a qualquer tipo de controle do mundo exterior". Para a autora, as pessoas são automotivadas; assim, o papel do líder é apenas despertar a motivação latente do indivíduo (aquela que os indivíduos já trazem dentro de si).

Nem sempre as pessoas estão conscientes de suas necessidades e de seus desejos. Ainda, é interessante observar, por exemplo, que a mesma pessoa que está envolvida com a organização daquela festa-surpresa de aniversário para o amigo é a que está desinteressada por atividades referentes ao seu dia a dia profissional. Por isso, cabe ao líder estimular as pessoas à ação e a conquistar uma tarefa desejada (Tella; Ayeni; Popoola, 2007).

Nesse ponto, surge a participação das ferramentas e técnicas motivacionais (que serão tratadas no Capítulo 3), as quais são externas ao indivíduo, e visam despertar características de sua motivação interior, que podem estar dormentes e esquecidas. Assim, não existe uma teoria que seja melhor que a outra; ressaltamos a importância de ambas na busca por compreendemos a motivação dos indivíduos. **Para** fazer o uso correto das ferramentas e técnicas motivacionais, é fundamental entender a estrutura e o perfil motivacional (individual) do funcionário.

1.3.1
Estrutura e perfil motivacional

A estrutura motivacional é a soma de todas as motivações ou metas com vista ao alcance dos objetivos dos indivíduos. O perfil motivacional está associado à lista de prioridades motivacionais própria de cada um de nós, em específico (Tamayo; Paschoal, 2003, p. 41). Para iniciar, explicaremos o modelo de estrutura motivacional. Em 2001, por meio de uma pesquisa científica, foi testado em 60 países o modelo de estrutura motivacional, com o objetivo de obter uma lista de indicadores globais e universais de motivação.

Assim, após a extensa pesquisa, chegou-se aos dez tipos motivacionais listados no Quadro 1.1.

Quadro 1.1 – Motivações do empregado e metas motivacionais

Motivação	Metas motivacionais
Autodeterminação	Ter autonomia, decidir por si mesmo e/ou participar nas decisões, controlar a organização e execução do seu trabalho.
Estimulação	Ter desafios na vida e no trabalho, explorar, inovar, ter emoções fortes na vida e no trabalho, adquirir conhecimentos novos.
Hedonismo	Procurar prazer e evitar a dor e o sofrimento, ter satisfação e bem-estar no trabalho.
Realização	Ter sucesso pessoal, mostrar a sua competência, ser influente, realizar-se como pessoa e como profissional.
Poder	Ter prestígio, procurar *status* social, ter controle e domínio sobre pessoas e informações.
Segurança	Integridade pessoal e das pessoas íntimas, segurança no trabalho, harmonia e estabilidade da sociedade e organização em que trabalha.
Conformidade	Controlar impulsos, tendências e comportamentos nocivos para os outros e que transgridem normas e expectativas da sociedade e da organização.

(continua)

(Quadro 1.1 – conclusão)

Motivação	Metas motivacionais
Tradição	Respeitar e aceitar ideias e costumes tradicionais da sociedade e da empresa.
Benevolência	Procurar o bem-estar da família e das pessoas do grupo de referência.
Universalismo	Compreensão, tolerância, procura do bem-estar de todos na sociedade e na organização onde trabalha, proteção da natureza.

Fonte: Tamayo; Paschoal, 2003, p. 41.

Esses dez tipos motivacionais fazem parte da estrutura motivacional dos indivíduos de todas as culturas do mundo, em menor ou maior grau. Cada conjunto motivacional (por exemplo, autodeterminação, estimulação, hedonismo) tem metas específicas. Observe que os tipos motivacionais *autodeterminação, estimulação, hedonismo, realização* e *poder* estão ligados diretamente a características internas das pessoas, associadas ao prazer, ao sucesso e ao prestígio, enquanto os tipos *tradição, conformidade* e *benevolência* visam satisfazer as metas mais voltadas à família, à sociedade e à organização. As metas referentes aos tipos *segurança* e *universalismo*, por sua vez, visam satisfazer tanto o indivíduo quanto o meio (Tamayo; Paschoal, 2003).

Se a motivação é interna e inerente ao indivíduo, como apresentado por Bergamini (2003), é fato que cada um de nós reagirá de um modo a determinada situação. Assim, o que motiva uma pessoa pode não motivá-lo. Para observar isso, basta lembrar-se de conversas com seus colegas no trabalho: alguns se motivam apenas pelo salário no final do mês, outros pelos benefícios concedidos pela empresa, outros ainda pela possibilidade de ascensão, e assim por diante.

Como alcançar a motivação da equipe?

Para isso, é importante traçar o perfil motivacional individual do funcionário. Individual? Sim, isso mesmo. O primeiro passo é compreender, com precisão, o perfil dos funcionários, para, em seguida, identificar as motivações predominantes na equipe. Assim há mais chance de acertar as técnicas e ferramentas motivacionais adequadas.

Para saber mais

Sobre as ferramentas para obtenção do perfil do funcionário, leia a seguinte dissertação de mestrado:

LIMA, T. J. S. **Modelos de valores de Schwartz e Gouveia**: comparando conteúdos, estrutura e poder preditivo. 171 f. Dissertação (Mestrado em Psicologia) – Universidade Federal da Paraíba, João Pessoa, 2012. Disponível em: <http://www.cchla.ufpb.br/ppgps/pdf/dissertacoes/2012/Tiago%20Jesse%20Souza%20Lima%202012.pdf>. Acesso em: 3 jun. 2014.

Como o perfil motivacional é exclusivo de cada indivíduo, o ideal é que sejam calculados escores médios obtidos pelos empregados da empresa referentes aos diversos tipos motivacionais, de forma a determinar as motivações ou metas que serão utilizadas pela empresa. Essa análise pode ser global (da empresa toda), no nível de cada um dos setores da empresa e até mesmo no nível das equipes (Tamayo; Paschoal, 2003).

Assim, é possível escolher, entre os motivadores apresentados no Quadro 1.1, aquele que é mais adequado com base no perfil obtido ou, ainda, discutir com uma amostra dos colaboradores estratégias de motivação que eles gostariam que fossem implantadas no ambiente de trabalho, processo que gera uma gestão mais participativa, pois insere o funcionário no processo de tomada de decisão gerencial.

"Isso não quer dizer que para cada funcionário seria necessário desenvolver um programa específico, mas que os programas motivacionais passariam a considerar as especificidades de diferentes equipes e/ou setores organizacionais" (Tamayo; Paschoal, 2003, p. 50).

1.3.2
A motivação na empresa

Por meio de políticas de valorização dos colaboradores, as empresas podem alcançar diferencial competitivo (Trindade; Santos; Cavalcanti, 2007). Quando você pensa em sua valorização como empregado, qual incentivo, a princípio, mais lhe "enche os olhos"? Muito provavelmente sua resposta seja "o salário".

Não há outro incentivo ou técnica motivacional que tenha tanta influência inicial sobre a vida profissional dos indivíduos como o salário (Muogbo, 2013). Em curto prazo (quando somos novos na empresa, quando somos recém-formados etc.), o incentivo salarial é o único que nos atrai, não? Porém, com o tempo, percebemos que precisamos de mais motivos para continuar nos sentindo bem no cargo ou na empresa em que trabalhamos.

De acordo com Gondim e Silva (2007), para que se possa alcançar alto desempenho no trabalho, é ideal haver disposição por parte dos funcionários. Há quatro principais fatores que medeiam (influenciam e interferem) a relação entre a motivação e o desempenho (produtividade): 1) o significado do trabalho para quem o realiza; 2) o sistema de recompensas e punições vigente; 3) o estilo gerencial e a qualidade do ambiente de trabalho; e 4) a convergência entre os valores pessoais e organizacionais.

O significado do trabalho pode ser percebido por meio de cinco dimensões: 1) quando percebemos que nossa atividade exige de nós variedade de habilidades e aptidões; 2) quando nos identificamos com a atividade; 3) quando conseguimos perceber a importância da atividade que desempenhamos e seu propósito de contribuição para o resultado final do trabalho; 4) quando temos liberdade de tomada de decisão, tanto no planejamento quanto na execução de nossas atividades; e 5) quando recebemos *feedbacks* de nosso desempenho (Godim; Silva; 2007).

Figura 1.3 – Significado do trabalho como mediador entre motivação e alto desempenho

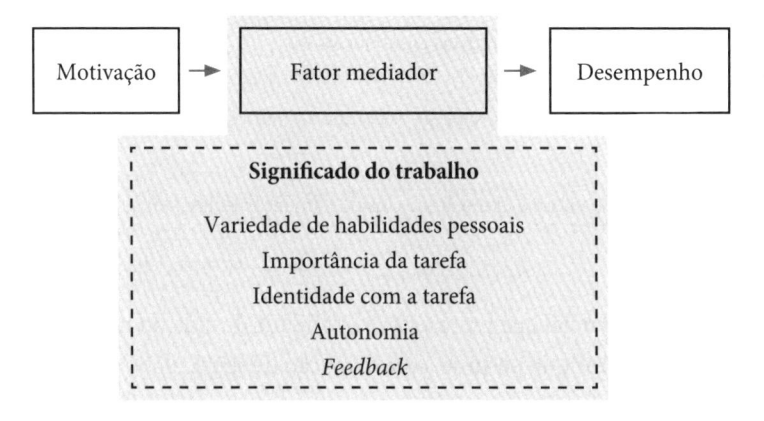

```
┌───────────┐     ┌───────────────┐     ┌───────────┐
│ Motivação │ ──▶ │ Fator mediador│ ──▶ │ Desempenho│
└───────────┘     └───────────────┘     └───────────┘

        Significado do trabalho
        Variedade de habilidades pessoais
        Importância da tarefa
        Identidade com a tarefa
        Autonomia
        Feedback
```

Fonte: Adaptado de Gondim; Silva, 2007, p. 161.

O sistema de recompensas impacta a motivação quando os trabalhadores são premiados de modo tangível (aumento salarial, participação nos lucros, bônus pelas vendas) ou intangível (elogio ou reconhecimento público) pelo seu comportamento desejável para a organização. Ainda, também existem os sistemas de punições, cujo objetivo é inibir comportamentos indesejáveis para a organização, tais como absenteísmo e baixo desempenho.

O estudo de Muogbo (2013) demonstrou que as estratégias de motivações extrínsecas, como recompensas, são sentidas de modo pontual e representativo pelos trabalhadores, que, na ausência delas, apresentam desempenho insatisfatório e não comprometimento com o seu trabalho.

Figura 1.4 – Sistema de recompensas e punições como fator mediador entre motivação e alto desempenho

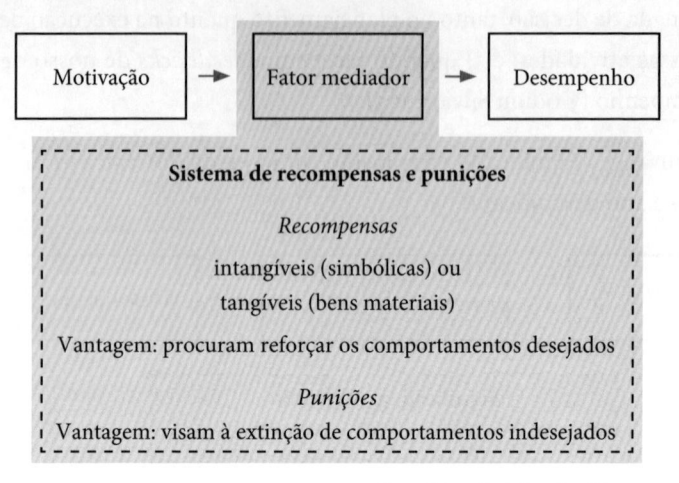

```
Motivação  →  Fator mediador  →  Desempenho
```

> **Sistema de recompensas e punições**
>
> *Recompensas*
> intangíveis (simbólicas) ou
> tangíveis (bens materiais)
> Vantagem: procuram reforçar os comportamentos desejados
>
> *Punições*
> Vantagem: visam à extinção de comportamentos indesejados

Fonte: Adaptado de Gondim; Silva, 2007, p. 161.

Um estilo gerencial que representa a qualidade de vida no trabalho é o de um gestor que permite a participação de seus colaboradores nas decisões que, direta ou indiretamente, afetarão a vida profissional e social de cada um. Nas últimas décadas, a adoção de estilos de gestão participativos tem conquistado espaço, pois, quando o colaborador se sente envolvido na tomada de decisão, o resultado de seu trabalho é melhor.

> Quando o conhecimento do trabalhador é ignorado, a tendência é que ele se sinta desmotivado e resistente para eventuais mudanças que possam estar sendo implementadas. Isso porque não se pode esperar muita motivação de trabalhadores cuja opinião é pouco valorizada e que estão cientes de que as decisões que irão influenciar as suas vidas profissional e pessoal serão tomadas por pessoas que desconhecem suas necessidades, expectativas e projetos de vida de modo geral. (Gondim; Silva, 2007, p. 165)

Por último, a convergência entre os valores pessoais e organizacionais não pode ser ignorada. Somos a soma de nossas experiências pessoais e profissionais no decorrer da vida; essas experiências passadas edificam crenças e valores definidos. Para a organização, os valores são expressos em três aspectos centrais: 1) como a organização trata o empregado; 2) como a organização estrutura os seus processos de trabalho; e 3) como a organização se relaciona com o ambiente externo. Uma vez que a organização tem como valor a preocupação ambiental, por exemplo, adotará procedimentos de trabalho que sejam sustentáveis para o ambiente; se a organização valoriza a hierarquia, não estimulará a participação dos empregados nas tomadas de decisões. Uma ressalva é que nem sempre os valores declarados pelas empresas são os valores instituídos. Muitas empresas, por exemplo, anunciam que os colaboradores são "seu capital intelectual", "seu ativo principal" (valor declarado); mas, quando começa a "onda de corte de custos", os funcionários às vezes são vistos como despesas que devem ser cortadas para garantir a sobrevivência da organização (valor instituído).

Figura 1.5 – Valores organizacionais como fatores mediadores entre motivação e alto desempenho

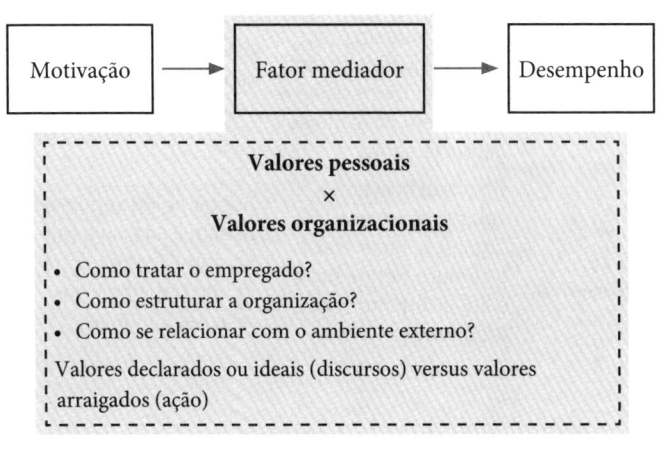

```
Motivação → Fator mediador → Desempenho
```

Valores pessoais
×
Valores organizacionais

- Como tratar o empregado?
- Como estruturar a organização?
- Como se relacionar com o ambiente externo?

Valores declarados ou ideais (discursos) versus valores arraigados (ação)

Fonte: Adaptado de Gondim; Silva, 2007, p. 167.

O Quadro 1.2 resume os quatro fatores mencionados, destacando os pontos-chave para entendermos a relação entre motivação e alto desempenho dos colaboradores.

Quadro 1.2 – Síntese dos quatro fatores mediadores entre motivação e alto desempenho

Fator mediador	Premissas	Foco da motivação
1. Significado do trabalho	Um trabalho atraente e desafiador motiva as pessoas.	Atribuir tarefas e trabalhos estimulantes que tenham importância para as pessoas.
2. Sistema de recompensas e punições	A modalidade de recompensa repercute na motivação.	Adotar sistemas de recompensas simbólicas e materiais.
	A punição evita comportamentos indesejáveis para a organização.	Evitar punições demasiadas que dizem apenas o que não deve ser feito, mas auxiliam pouco a orientar condutas desejáveis.
3. Ambiente psicossocial	As pessoas desejam ampliar o seu poder de decisão no trabalho.	Adotar políticas de participação.
• Participação na tomada de decisão • Estilo gerencial	Concepções negativas sobre o homem prejudicam a qualidade das relações interpessoais e interferem no estilo de gerenciamento.	Oferecer treinamento gerencial, para atingir indiretamente o trabalhador.
4. Valores pessoais e organizacionais	Convergência entre valores pessoais e organizacionais eleva o comprometimento e o envolvimento com a organização	Adotar políticas que estimulem a adesão a valores organizacionais centrados no trabalho e nas relações humanas.

Fonte: Gondim; Silva, 2007, p. 167.

Estudo de caso

Leia a seguir um estudo de caso escrito pela professora Ana Escorsin especialmente para este obra.

Motivação humana e suas influências

O caso relata a história de um executivo que atendi em processo de *coaching*. Sou psicóloga, atuo como psicoterapeuta, *coach*, consultora em gestão de pessoas e professora. Em meu trabalho, ouço as dúvidas, indagações, queixas, sofrimentos e angústias dos seres humanos.

Tanto a terapia como o *coaching* contribuem para que as pessoas expressem suas histórias e organizem seus pensamentos e sentimentos, para que possam se conhecer, identificar competências, talentos e motivações, a fim de, com isso, reorganizarem a própria vida, dando-lhe propósitos próprios.

Certa vez, um executivo de uma grande corporação procurou-me para fazer *coaching*. Na primeira sessão, conversamos sobre o que era o *coaching* e sobre o que o motivava a buscá-lo.

Esclarecemos um ao outro que o *coaching* possibilita ao profissional uma aprendizagem sobre si mesmo, conscientização de suas potencialidades e elaboração de ações para o seu desenvolvimento. Falamos sobre os tipos de *coaching*, ou seja, sobre o *coaching* de vida, o qual permeia todas as dimensões da vida: tanto pessoal como profissional, de saúde, de qualidade de vida e de relacionamento, e também o *coaching* profissional ou executivo, o qual busca desenvolver aspectos ligados à carreira, oferece ao executivo ou ao profissional oportunidade para discutir dificuldades, traçar novos objetivos, melhorar competências e obter eficácia na vida laboral.

O executivo me contou que fazia a gestão de uma equipe com cerca de 1.100 funcionários. Estava naquela organização há mais de 15 anos, havia estruturado toda a área e tinha responsabilidades e cobranças intensas. A busca pelo *coaching* foi sugerida por um programa de capacitação para os líderes da empresa. O executivo se interessou pela possibilidade de ter um tempo e a ajuda profissional para analisar o que de fato influenciava a motivação em sua vida.

Durante as sessões, e utilizando as técnicas do *coaching*, o executivo comentou que nos últimos anos havia engordado mais de 15 quilos, adquirido uma insônia crônica, estava tomando antidepressivo (com acompanhamento psiquiátrico), quase não via sua família (esposa e dois filhos) e o casamento estava difícil. A empresa estava fazendo um grande processo de reestruturação, e por isso ele passou a se reportar a outro diretor, com o qual não conseguia dialogar. Esse novo diretor lhe fazia fortes cobranças por resultados, as quais demandavam trabalhos no fim de semana e à noite. Passou a ter uma postura também de cobrança à sua equipe (estilo de liderança que não era o seu).

Perguntava-se como melhorar seus pontos fortes para corresponder às demandas organizacionais. Em contrapartida, pensava se de fato queria permanecer na empresa, considerando que os rumos que ela estava tomando eram contrários aos seus valores. Durante uma das sessões, trouxe um sonho antigo, o qual ainda o motivava muito – montar seu próprio negócio –, ressaltando preocupação com a estabilidade financeira para a família.

Logo a seguir, o executivo foi demitido; ele vinha pressentindo que isso poderia acontecer. Num primeiro momento, foi bem difícil: ele fez inúmeras indagações sobre erros que poderia ter cometido; mas logo visualizou que aquela seria a grande oportunidade para fazer o que realmente o motivava – estruturar o tão sonhado negócio.

Realinhamos o nosso processo de *coaching* com foco na organização de seu negócio. Com essa virada na vida profissional, ele fez também grandes mudanças em vários outros aspectos. Diminuiu o uso do antidepressivo, perdeu peso, passou a ter um sono mais tranquilo e readquiriu a harmonia em seu lar com a esposa e os filhos.

Quando concluímos o processo de *coaching*, ele estava feliz e motivado com as novas perspectivas, não só profissionais, mas principalmente com o bem-estar que sentia na vida como um todo. Teve de reorganizar suas finanças e fez vários cortes no orçamento. Por outro lado, deu um novo foco e sentido para sua profissão, ao fazer o que efetivamente o realizava.

Com base nesse caso, analise:

1. Do seu ponto vista e observando os temas estudados, o que influencia a motivação humana?
2. Quais eram os fatores que motivavam esse executivo a permanecer na empresa em que trabalhava?
3. Como ele lidou com a demissão? Sentiu-se frustrado ou conseguiu perceber as compensações para a própria vida? Comente, traçando paralelos com a teoria.

Para mais informações sobre o processo de *coaching*, acesse o *site*:

ANA ESCORSIN CONSULTORIA. Disponível em: <http://www.anaescorsin.com.br>. Acesso em: 3 jun. 2014.

Síntese

Colaboradores entusiasmados e motivados para atingir metas, encarar desafios, atender e superar as expectativas dos clientes e fornecedores, internos e externos, fazem a diferença e representam uma vantagem competitiva no mundo dos negócios.

Assim, é necessário saber diferenciar as motivações das necessidades, dos impulsos e dos instintos dos trabalhadores. Somos a composição de nossos motivos comportamentais, sejam eles intrínsecos – inerentes ao indivíduo –, sejam eles extrínsecos – promovidos pelo ambiente.

A motivação é tudo o que nos impulsiona a agir de determinada forma para alcançar alguma meta ou objetivo. Foi a motivação que levou Elizabeth Gilbert a largar tudo em busca de autoconhecimento e de novos desafios.

Ainda, existem dois modelos de motivação: o homeostático, que busca o equilíbrio de condições, e o modelo de incentivos, que são as condições que incitam as nossas ações. Além disso, para que se possa alcançar o desempenho no trabalho, é ideal haver disposição por parte dos funcionários, destacando-se quatro fatores principais que medeiam a relação entre motivação e desempenho: o significado do trabalho para quem o realiza, os sistemas de recompensas e punições vigentes, o estilo gerencial e a qualidade do ambiente de trabalho e a convergência entre os valores pessoais e organizacionais.

Com tais conceitos, o objetivo é nos capacitar, na condição de funcionários, para conhecer as práticas utilizadas pelas empresas, de modo a evitar manipulação nas relações trabalhistas. Como gestores, é fundamental saber como motivar os funcionários, de modo que eles deem o melhor de si para que a produtividade cresça.

Questões para revisão

1. (Esaf – 2008 – CGU – Adaptada) A motivação é algo presente em nossa vida desde o momento em que nascemos e seu entendimento tem-se constituído em um desafio para as pessoas que ocupam funções gerenciais. Assinale se as frases a seguir sobre motivação são falsas ou verdadeiras:
   I. Por motivação se entende uma força intrínseca que impulsiona a direção de alguma coisa.
   II. Estímulos são energias internas que determinam o comportamento dos indivíduos.
   III. As motivações para o trabalho são iguais para os indivíduos que exercem cargos do mesmo grupo ocupacional.
   Escolha a opção correta:
   a) Apenas a alternativa I está correta.
   b) As alternativas I e II estão corretas.
   c) Apenas a alternativa III está correta.
   d) As alternativas II e III estão corretas.
   e) Todas as alternativas estão corretas.

2. (Conselho Nacional do Ministério Público – Adaptada) A motivação influencia os esforços de uma pessoa para alcançar seus objetivos. Selecione a alternativa que apresenta uma característica correta da motivação:
   a) A motivação sempre começa com uma necessidade fisiológica que ativa um comportamento.
   b) A motivação sempre envolve objetivos e metas.
   c) A intensidade do esforço sempre é coerente com o objetivo desejado.
   d) A motivação é uma característica extrínseca ao indivíduo.
   e) O comportamento do indivíduo independe de sua motivação.

3. (Esaf – 2009 – MPOG) Sobre o tema "motivação, clima e cultura", podemos afirmar corretamente que:
   a) um funcionário satisfeito também está, necessariamente, motivado.
   b) análises de clima não se prestam para orientar políticas de recursos humanos.
   c) cultura e clima organizacional são variáveis independentes entre si, que não se comunicam.
   d) de uma forma geral, os elementos da cultura podem ser alterados no curto prazo.
   e) o salário, isoladamente, não se constitui em um fator motivacional.

4. Leia a afirmativa a seguir: "A motivação para o trabalho depende, em primeiro lugar, das compensações financeiras e sociais que as organizações oferecem, isto é, do quanto essas compensações são importantes, escassas e de difícil substituição". A afirmação está correta? Justifique sua resposta.

5. Uma das formas de promover a motivação dos funcionários é a competição. A competição leva a benefícios (aumento de salário, promoção etc.) para os funcionários que mais se destacam (veja, a seguir, o exemplo de uma empresa). Contudo, a competição apresenta uma série de desvantagens. Mencione pelo menos duas.

> **B**uscando incentivar as pequenas e médias empresas a empreender no mundo online [sic], a Nuvem Shop organizou a competição Empreendendo na Nuvem. A loja que vender mais no período de dois meses será premiada em R$ 150 mil mais R$ 35 mil em serviços. O ganhador também terá consultoria de empresas do setor como Clear Sale, Moip e Olook. A empresa pretende, assim, que mais e mais empresas levem seu negócio para a web.

Fonte: Madureira, 2013.

Questões para reflexão

1. Para Freud, citado por Davidoff (2001, p. 330), "os seres humanos raramente têm consciência das forças que os motivam". Você concorda com ele?

2. Que benefícios sua empresa oferece para motivá-lo? Você acha que são suficientes? Se não, o que você acha que poderia melhorar?

3. Os gestores se interessam pelo tema *motivação* porque querem aprender como conseguir mais dedicação de seus funcionários. Qual é o limite entre a busca pela dedicação do funcionário e a manipulação de seu comportamento por meio de recompensas à produtividade? Isso é ético?

Para saber mais

Acesse o *site* do Instituto Brasileiro de *Coaching*, em que estão disponíveis vários artigos sobre como motivar os colaboradores e como se automotivar, entre outros assuntos.

IBC – Instituto Brasileiro de Coaching. Disponível em: <http://www.ibccoaching.com.br/>. Acesso em: 6 jun. 2014.

Teorias da motivação | 2

Mariana Monfort Barboza

Conteúdos do capítulo

- Principais teorias motivacionais.
- Evolução das teorias de gestão.
- Teorias motivacionais tradicionais (teoria da hierarquia das necessidades, teoria X e Y, teoria dos dois fatores).
- Teorias contemporâneas sobre motivação (teoria ERG, teoria das necessidades, teoria da avaliação cognitiva, teoria da fixação de objetivos, teoria do reforço, teoria do planejamento do trabalho, teoria da equidade e teoria da expectativa).

Após o estudo deste capítulo, você será capaz de:

1. entender as principais teorias motivacionais;
2. descrever a hierarquia das necessidades de Maslow;
3. comparar a teoria X com a teoria Y;
4. diferenciar os fatores motivacionais dos fatores higiênicos;
5. explicar como as teorias contemporâneas sobre motivação se complementam mutuamente.

2.1 Teorias motivacionais

O segredo da existência humana consiste não somente em viver, mas ainda encontrar o motivo para viver.

Dostoievski

Para entender a evolução do conceito de *motivação*, é preciso compreender, mesmo que de forma breve, a evolução das escolas de gestão. No início do século XX, Frederick Winslow Taylor deu início aos estudos do que viria a ser a **teoria da administração científica**. O objetivo desses estudos era encontrar um modo de eliminar o desperdício crescente nas fábricas e a ociosidade temporária dos funcionários e de reduzir os custos de produção. Com alguns seguidores, como Henry Ford, a teoria chegaria à conclusão de que a única forma de obter colaboração dos trabalhadores seria com apelo aos planos de incentivos salariais e a prêmios de produção, na convicção de que o salário era a única fonte de motivação para o trabalhador (visão de homem econômico).

Em 1916, surgia, na França, a **teoria clássica da administração**. O fundador da teoria foi Henry Fayol, para quem, assim como para Taylor e Ford, o trabalhador seria uma engrenagem do sistema. Ambos enxergavam o trabalhador como máquina; assim ele poderia ser facilmente substituído em caso de problemas.

Para saber mais ||||||||||||||||||||||||||||||||||||||||||||||||||||||

Assista ao filme:

TEMPOS modernos. Direção: Charles Chaplin. EUA: United Artists, 1936. 87 min.

Ambas as teorias pioneiras de gestão (teoria científica e teoria clássica) baseavam-se na visão de homem *economicus*. Para elas, o homem seria motivado exclusivamente pela busca de dinheiro e pelas recompensas materiais e salariais do trabalho.

Contudo, em 1927, Elton Mayo coordenou uma pesquisa para a Academia Nacional de Ciências dos Estados Unidos, cujo objetivo era verificar a correlação entre a produtividade dos funcionários e a iluminação no local de trabalho, pois se atribuía a ela o alto índice de *turnover* (rotatividade), além de fadiga, acidentes de trabalho e baixa produtividade nas organizações.

A experiência de Hawthorne, bairro de Chicago em que se situava a fábrica na qual a pesquisa foi realizada, foi dividida em quatro fases. Na primeira, foram escolhidos dois grupos de trabalho, que executavam as mesmas funções, sob as mesmas condições ambientais. Eles foram divididos em grupo controle, para o qual a intensidade da luz era constante, e grupo de observação, que trabalhava sob intensidade variável de luz. O objetivo de tal experimento era conhecer os efeitos da iluminação sobre a produtividade dos funcionários.

No entanto, um fator curioso e inesperado apareceu: o psicológico. Em condições de alta iluminação, os trabalhadores se sentiam na obrigação de produzir mais, e o contrário acontecia quando a luz era reduzida. Assim, comprovou-se a preponderância do fator psicológico sobre os fatores fisiológicos. Acreditando que o fator psicológico seria inoportuno para as organizações, Elton Mayo continuou seus estudos, com o objetivo de isolar esse fator da organização.

Teve início, então, a segunda fase da experiência de Hawthorne. Foram separados dois grupos, em salas diferentes, divididas apenas por uma madeira. O grupo experimental, que sofria manipulações, passou por 12 períodos de alterações de condições de trabalho, para que se pudesse observar o comportamento individual e grupal sob a ótica das mudanças provocadas. Concluiu-se, nessa fase, que uma supervisão mais branda motivava a produtividade; um ambiente mais amistoso e sem pressões, no qual a conversa era permitida, aumentava a satisfação no trabalho; amizades eram criadas, fazendo com que os funcionários se tornassem uma equipe; o grupo desenvolveu objetivos comuns, como o de aumentar o ritmo de produção, embora isso não fosse solicitado.

Atentos às alterações acontecidas no grupo experimental, os pesquisadores decidiram deixar de lado a preocupação com as condições físicas do trabalho (lembre-se de que o objetivo inicial era verificar o impacto da iluminação sobre a produtividade) e passaram a se preocupar com as relações humanas. Com esse intuito, criaram o Programa de Entrevistas, com o objetivo de ouvir as opiniões dos trabalhadores acerca do tratamento que recebiam e de ouvir sugestões a respeito da empresa. O programa revelou a existência de uma organização informal dos trabalhadores, que se mantêm unidos e leais ao grupo; por exemplo, o grupo cria padrões de produção que julga normais e que não devem ser ultrapassados por indivíduo algum, para que nenhuma meta mais ousada seja solicitada pela gerência.

Com os resultados da terceira fase da experiência, uma quarta fase foi necessária, para que pudesse ser analisado o papel da organização informal para os funcionários. Inseriu-se uma condição: os salários dos funcionários seriam maiores, caso a produção aumentasse. Entretanto, observou-se que, ao atingir determinado nível de produção, que o grupo julgasse normal e suficiente, o ritmo de trabalho foi reduzido, para que novas metas não fossem sugeridas.

Ainda, percebeu-se que o grupo pressionava os mais rápidos a "estabilizarem" a produção por meio de punições simbólicas.

Infelizmente, a experiência de Hawthorne foi suspensa por motivos financeiros, em 1932. Porém, foi um marco de transformação no pensamento gerencial. O mundo corporativo nunca mais seria o mesmo: provou-se que os funcionários não poderiam ser tratados como peças de uma engrenagem; eles são dotados de necessidades, não apenas as de ordem fisiológica, mas principalmente as de ordem social e psicológica.

Assim, segundo Chiavenato (2014), as principais conclusões da experiência de Hawthorne – e que deram origem aos princípios básicos da Escola de Relações Humanas – são:

a | **O nível de produção é resultante da integração social**: a determinação da capacidade de produção dos funcionários não está vinculada à sua capacidade física ou fisiológica (como preconizavam as teorias científica e clássica), e sim às normas sociais e grupais.

b | **Comportamento social dos empregados**: baseia-se e apoia-se no grupo; a qualquer desvio das normas sociais, o indivíduo sofre punições sociais ou morais dos colegas.

c | **Recompensas e sanções sociais**: os trabalhadores que produziram acima ou abaixo da norma socialmente determinada perderam o respeito e a consideração dos colegas. Assim, eles preferiram produzir menos e ganhar menos a perder o relacionamento com os colegas.

d | **Grupos informais**: as empresas são compostas de aspectos formais (autoridade, responsabilidade, departamentalização etc.), mas também de aspectos informais (grupos informais, comportamento social dos empregados, crenças e atitudes, motivação etc.).

e | **Relações humanas**: trata-se de característica ligada ao papel da interação social. As pessoas se mantêm em grupos sociais dentro da organização, para se sentirem aceitas e compreendidas.
f | **Importância do conteúdo do cargo**: "trabalhos simples e repetitivos tornam-se monótonos e maçantes afetando negativamente a atitude do trabalhador, e reduzindo a sua satisfação e eficiência" (Chiavenato, 2014, p. 172).
g | **Ênfase nos aspectos emocionais**: é preciso que os elementos não planejados e irracionais do comportamento humano, como os aspectos emocionais e psicológicos, sejam considerados.

Assim, com a Escola de Relações Humanas, inicia-se a era das teorias motivacionais. Várias críticas foram tecidas a essa escola, como a de que tem uma visão bastante ingênua e romântica dos funcionários, os quais nem sempre estão felizes, produtivos e integrados no ambiente de trabalho. Além disso, criticou-se a limitação do ambiente pesquisado por Elton Mayo (a indústria), deixando de lado o estudo de outros tipos de organizações. Outros críticos da teoria dizem que ela nada mais era do que uma tentativa de manipular e enganar os funcionários para que trabalhassem mais e exigissem menos da empresa. Porém, é inegável a contribuição da Escola de Relações Humanas para a abertura de novos horizontes às teorias de gestão. Com o objetivo de sanar as limitações da Escola de Relações Humanas, surgiu a **teoria comportamental**, que teve seu início com Herbert Alexander Simon, em 1947. O objetivo de Simon foi estudar o comportamento individual das pessoas. Para ele, a explicação desse comportamento está ligada ao modo como as pessoas estão motivadas; portanto, e para que se alcançasse a qualidade de vida dentro das organizações, era preciso conhecer melhor as necessidades humanas e utilizar-se da motivação como uma ferramenta para a satisfação dos funcionários.

Para Bergamini (1990, p. 24), o tema *motivação humana* sempre foi envolto por uma aura de "mistério", resultando em uma "multiplicidade de abordagens, que, no entanto, refletem, sem dúvida alguma, a importância capital desse aspecto tão eminentemente característico do ser humano".

Com a finalidade de conhecer melhor as necessidades humanas, foi desenvolvida uma série de teorias motivacionais, as quais serão apresentadas na sequência.

2.2 Teorias motivacionais tradicionais

A partir da década de 1950, os conceitos relacionados à *motivação do trabalhador* começam a despontar. Nesse período, três grandes teorias são formuladas: teoria da hierarquia das necessidades, de Maslow; teoria X e Y, de McGregor; e teoria de dois fatores, de Herzberg.

> As teorias motivacionais podem ser entendidas como uma tentativa incessante e progressiva para identificar fontes de prazer que o trabalhador encontra ou pode encontrar no seu ambiente de trabalho. Essas fontes parecem encontrar-se no próprio trabalhador, no ambiente de trabalho e na interação entre os dois (Tamayo; Paschoal, 2003, p. 34).

Apesar de pioneiras no campo das teorias motivacionais, as teorias da hierarquia das necessidades, a teoria X e Y e a teoria dos dois fatores até hoje são as explicações mais conhecidas e utilizadas para tratar da motivação dos trabalhadores. Mesmo que novas teorias tenham surgido, essas três são a base para explicar as teorias modernas.

2.2.1
Teoria da hierarquia das necessidades, de Maslow

A teoria sobre motivação mais conhecida é, provavelmente, a teoria da hierarquia das necessidades, criada em 1943 por Abraham Maslow. O "pai da teoria das necessidades", em seu artigo original de criação da teoria – que foi traduzido, no Brasil, por Balcão e Cordeiro (1975) –, afirmou que há uma hierarquia de necessidades que nos leva em direção à motivação.

Para Maslow, nossas motivações seguem uma ordem: quando um grupo de necessidades é atingido, em menor ou maior grau, tendemos a passar para o próximo, em uma busca incessante. Para o autor, dentro de cada ser humano existe uma hierarquia de cinco categorias de necessidades: fisiológicas (comida, roupa, conforto físico, água, sexo, abrigo e outras necessidades orgânicas); segurança (proteção contra as ameaças naturais, segurança contra a ameaça de perda de emprego); social (amizade, afeto, interação social); estima (independência, realização, liberdade, *status* e reconhecimento) e autorrealização (conscientização do próprio potencial, autodesenvolvimento e realização pessoal).

As necessidades mais básicas do ser humano são as necessidades fisiológicas, tais como alimentos, água, oxigênio, sono e proteção, pois impactam o organismo diretamente. Quando você está com fome, por exemplo, é pouco provável que consiga raciocinar ou tomar alguma grande decisão, pois o nível de concentração estará muito baixo, dominado pela fome. Todas as capacidades do organismo ficam destinadas a suprir essa carência de alimento, o restante (a compra de um sapato novo, a resposta a um *e-mail*, o desejo de conversar com um amigo) fica em segundo plano.

Mas o que acontece quando a fome é satisfeita? Ora, quando uma necessidade é satisfeita, ela deixa de ser uma necessidade, e logo despertam outras necessidades (mais elevadas) latentes.

À medida que as necessidades mais básicas são satisfeitas, as necessidades de se sentir protegido, livre de perigos e seguro se manifestam. Em algum momento em sua infância, provavelmente, você temeu que seus pais o abandonassem, não? Quando crianças, nossa segurança encontra-se em nossa relação com pais e familiares. Quando adultos, buscamos segurança por meio de empregos estáveis, dinheiro no banco, poupanças e seguros (médico, odontológico, contra o desemprego, contra acidentes, de vida) e pela religião (segurança numa "força superior").

Uma vez que estejam razoavelmente satisfeitas as necessidades fisiológicas e de segurança, surgem as necessidades de amor, afeição e participação. A pessoa passa a desejar companheiros, amigos, filhos; passa a desejar amar e ser amada. Assim, despertam as necessidades sociais, tais como afeição, aceitação, amizade e pertencimento a um grupo.

Finalmente, depois de atendidas essas necessidades, surgem as de estima, que estão ligadas à nossa necessidade de autoestima, respeito e valorização por parte de outras pessoas com relação a nós. A satisfação dessas necessidades conduz a sentimentos de autoconfiança, valor, força, capacidade e utilidade. A frustração dessas necessidades, entretanto, produz sentimentos de inferioridade, fraqueza e desamparo.

Busca-se a autorrealização de objetivos e ideais de vida, almejam-se novas conquistas (a compra de um imóvel, de um carro etc.), o crescimento pessoal e profissional (promoção no trabalho) e o autodesenvolvimento (equilíbrio interior, paz etc.). Nós gostamos de nos sentir valorizados e reconhecidos, seja em nossa casa, seja na comunidade, seja no trabalho. Porém, essa etapa é rara para a maioria das pessoas, que não conseguem enxergar o próprio potencial; elas temem a sociedade e o fracasso e não perseguem seus objetivos (Davidoff, 2001).

Ainda, é preciso buscar aquilo que faz sentido para nós, em nossa vida. Essa necessidade chama-se *autorrealização*. Evidentemente, essa forma de necessidade assume um papel diferente na vida de cada um; para uns, personifica-se no desejo de constituírem uma família, para outros no de serem profissionais bem-sucedidos e para outros ainda é uma vontade de viajar ao redor do mundo.

Uma ressalva deve ser feita: apesar de se tratar, na maioria dos indivíduos, de uma hierarquia de necessidades, há diversas exceções. Para algumas pessoas, a autoestima é mais importante do que o amor; para outras, a autorrealização está acima das necessidades de estima e afeição; para outras (em virtude da falta de oportunidades e da baixa qualidade de vida), apenas não faltar alimento na mesa já é o suficiente; há as que sofrem de psicopatias ou transtornos de personalidade e não sentem necessidade de afeição; há aquelas pessoas que se privam de uma necessidade em detrimento de outra – por exemplo, ficar sem comer para conseguir finalizar o trabalho e obter êxito (Davidoff, 2001).

Ainda, não é necessário que uma necessidade esteja 100% satisfeita para surgir a próxima. Outro ponto é que as necessidades podem também ser inconscientes e dependentes das especificidades das culturas pessoais.

Para Robbins (2005, p. 133), "uma necessidade substancialmente satisfeita extingue a motivação", de modo que, para conseguirmos motivar alguém, é preciso identificar em qual nível de satisfação a pessoa está. Maslow categorizou as necessidades em patamares mais altos e mais baixos. As necessidades fisiológicas e de segurança estão em um nível mais baixo, enquanto as relacionadas à autorrealização são consideradas necessidades de nível mais alto.

Ainda, "a diferenciação entre esses dois níveis parte da premissa de que as necessidades de nível mais alto são satisfeitas internamente (dentro do indivíduo) enquanto as de nível mais baixo são satisfeitas quase sempre externamente (através de coisas como remuneração, acordos sindicais e permanência no emprego)" (Robbins, 2005, p. 133).

Figura 2.1 – Hierarquia das necessidades de Maslow

Fisiológicas	Segurança	Sociais	Estima	Autorrealização
• Alimento • Repouso • Abrigo • Sexo	• Segurança • Proteção contra: • Perigo • Doença • Incerteza • Desemprego	• Relacionamento • Amizade • Aceitação • Afeição • Compreensão • Consideração	• Satisfação do ego • Orgulho • Status e prestígio • Autorrespeito • Reconhecimento • Confiança • Progresso • Apreciação • Admiração dos colegas	• Autorrealização • Autodesenvolvimento • Excelência pessoal • Competência • *Expertise*

Fonte: Chiavenato, 2003, p. 332.

Chiavenato (2003) associa a hierarquia das necessidades de Maslow com os meios de satisfação do trabalhador. O autor acredita que as empresas devam conceber uma remuneração adequada para a satisfação das necessidades básicas, além de um ambiente de trabalho bem estruturado e com políticas estáveis e previsíveis. Para satisfazer as necessidades sociais, ele acredita que seja necessário estabelecer relacionamentos saudáveis e interação com os colegas, chefia e subordinados. Para as necessidades de estima, é interessante que se promova a interação facilitada pelo arranjo físico e que se alcance prestígio na profissão. Já a autorrealização seria derivada do sucesso na profissão e do prazer no trabalho. A Figura 2.2 representa essa interação entre as nossas necessidades e os meios de satisfazê-las.

Figura 2.2 – Hierarquia das necessidades de Maslow e os meios de satisfação

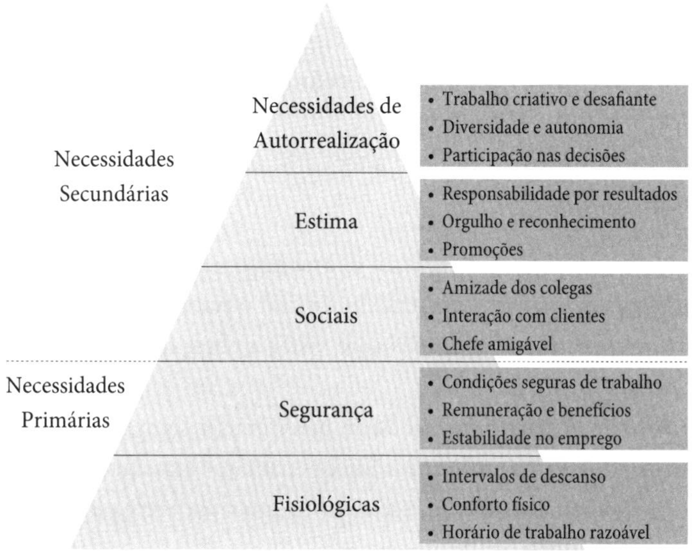

Necessidades Secundárias

- Necessidades de Autorrealização
  - Trabalho criativo e desafiante
  - Diversidade e autonomia
  - Participação nas decisões
- Estima
  - Responsabilidade por resultados
  - Orgulho e reconhecimento
  - Promoções
- Sociais
  - Amizade dos colegas
  - Interação com clientes
  - Chefe amigável

Necessidades Primárias

- Segurança
  - Condições seguras de trabalho
  - Remuneração e benefícios
  - Estabilidade no emprego
- Fisiológicas
  - Intervalos de descanso
  - Conforto físico
  - Horário de trabalho razoável

Fonte: Chiavenato, 2003, p. 332.

É importante compreender que a teoria da hierarquia das necessidades é um modelo didático para entender as etapas de realização pessoal de um indivíduo, pois nem todas as pessoas passam pelas cinco etapas descritas na pirâmide.

Apesar disso, a teoria das necessidades humanas ainda é a principal referência motivacional, tendo em vista acreditar-se que buscamos satisfazer nossas necessidades e que é justamente nossa insatisfação, por conta de uma necessidade não satisfeita, que nos movimenta em busca de um objetivo. É exatamente o fato de ainda não ter comprado aquela casa, aquele carro ou aquele celular desejado que faz com que você se movimente.

2.2.2
Teoria X e teoria Y, de McGregor

Em 1960, Douglas McGregor propôs duas visões distintas e antagônicas do ser humano: uma negativa, chamada por ele de *teoria X*, e outra positiva, conhecida por *teoria Y*. Essas duas visões foram baseadas nas observações que McGregor fez do comportamento dos executivos. Para eles, os funcionários são categorizados como pertencentes ao grupo X ou ao Y.

Segundo Robbins (2005), sob a teoria X, as quatro premissas dos executivos são:

1. Os funcionários não gostam de trabalhar, são indolentes e preguiçosos por natureza: tendem a evitar o trabalho ou trabalhar o mínimo possível apenas com vistas a obter recompensas salariais e materiais.
2. Por não gostarem de trabalhar, precisam ser sempre cobrados, coagidos e ameaçados de punições para que atinjam as metas.
3. Os funcionários evitam responsabilidades, preferem e precisam ser dirigidos e controlados.
4. Evitam as mudanças, não têm ambição e procuram segurança, para evitar riscos que os coloquem em perigo.

Essas concepções e premissas refletem, nas empresas, um estilo de gestão, duro, rígido e autocrático, no qual os funcionários são vistos como meros recursos ou meios de produção. Nesse estilo de gestão, as empresas tendem a dirigir seus esforços no sentido de modificar o comportamento dos funcionários, para que eles atendam e se adaptem aos seus objetivos e necessidades. Ainda, essa gestão acredita que somente a remuneração salarial – os incentivos econômicos – são suficientes para motivar os funcionários (Chiavenato, 2003).

Em contraste com a teoria X, McGregor listou quatro premissas da teoria oposta, a teoria Y:

1. O trabalho pode ser fonte de satisfação e prazer, sendo tão natural quando descansar ou se divertir.
2. Se comprometidas com os objetivos da empresa, as pessoas mostrarão responsabilidade, potencial de desenvolvimento e padrões de comportamentos adequados. O excesso de controle e a ameaça de punição não são os únicos meios de obter a dedicação dos funcionários.
3. A fuga da responsabilidade, a falta de ambição e a resistência ao atendimento das necessidades da empresa podem ser causas de experiências anteriores negativas que os indivíduos tenham passado em alguma empresa.
4. A inovação, a criatividade e o poder de imaginação não são privilégios das posições superiores.

Essas concepções refletem um estilo de gestão "aberto, dinâmico e democrático, por meio do qual administrar torna-se um processo de criar oportunidades, liberar potenciais, remover obstáculos, encorajar o crescimento individual e proporcionar orientação quanto aos objetivos" (Chiavenato, 2003, p. 338).

Em resumo, para a teoria X, o homem teria aversão ao trabalho, precisando ser controlado e punido para que se esforce e cumpra os objetivos organizacionais; ainda, ele é um ser egocêntrico, que pensa apenas em sua segurança pessoal e financeira. Para a teoria Y, o trabalho pode ser uma fonte de satisfação, prazer e diversão, tudo dependerá do contexto da organização, do modo pelo qual ela é gerenciada. Se incentivado e motivado, o trabalhador poderá desenvolver seu potencial criativo e atingir o máximo desempenho.

Quadro 2.1 – Diferenças entre as teorias X e Y

Pressuposições da teoria X	Pressuposições da teoria Y
As pessoas são preguiçosas e indolentes.	As pessoas são esforçadas e gostam de ter o que fazer.
As pessoas evitam o trabalho.	O trabalho é uma atividade tão natural como brincar ou descansar.
As pessoas evitam a responsabilidade, a fim de se sentirem mais seguras.	As pessoas procuram e aceitam responsabilidades e desafios.
As pessoas precisam ser controladas e dirigidas.	As pessoas podem ser automotivadas e autodirigidas.
As pessoas são ingênuas e sem iniciativa.	As pessoas são criativas e competentes.

Fonte: Chiavenato, 2003, p. 339.

Godim e Silva (2007) observam que a teoria X enfatiza mais o controle, ao contrário da teoria Y, que enfatiza a pessoa.

Figura 2.3 – Ênfases das teorias X e Y

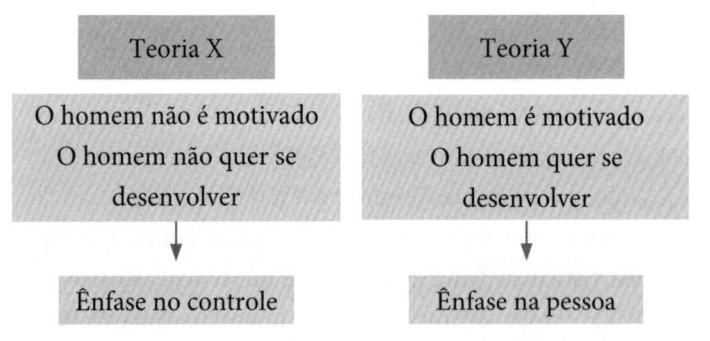

Teoria X	Teoria Y
O homem não é motivado O homem não quer se desenvolver	O homem é motivado O homem quer se desenvolver
↓	↓
Ênfase no controle	Ênfase na pessoa

Fonte: Gondim; Silva, 2007, p. 148.

A visão do homem Y é a que deveria predominar na gestão de nossas empresas, pois propicia maior motivação, participação e engajamento dos funcionários para com os objetivos e metas organizacionais. Ainda, proporciona a descentralização das decisões, a delegação de responsabilidades, a participação na tomada de decisões e a gestão consultiva (em que as pessoas são ouvidas antes da tomada de decisão na empresa). Um exemplo dessa visão é a empresa Google. Leia o estudo de caso a seguir.

Estudo de caso

O conceito Google de gestão de pessoas

Com um conceito inovador de gestão de pessoas, a empresa cria um ambiente de trabalho confortável, que estimula a criatividade e a inovação.

"Isso serve para que as pessoas possam relaxar no meio do dia, ou na hora que elas quiserem. Temos também cuidados como creme de mão, espuma de barbear e desodorante dentro do banheiro." Dessa forma, parece até que os funcionários do Google não trabalham; mas, pelo contrário, as atividades são muito bem administradas pela companhia. A política de gestão de pessoas do Google desenvolveu a seguinte fórmula: 70% – 20% – 10%. A primeira porcentagem significa o tempo em que o empregado deve dedicar-se à empresa. Os 20% representam o tempo em que deve se ocupar com pesquisas de interesse pessoal e os 10% restantes, quanto deve usar para lazer. "O Orkut foi desenvolvido por um de nossos funcionários nessa parte dos 20%", conta Carlos Félix Ximenes, gerente de Comunicação do Google Brasil.

Para trabalhar no Google, os profissionais precisam possuir a capacidade de exercer as suas atividades em equipe, pois os projetos podem estar sob liderança de qualquer profissional de suas filiais espalhadas pelo mundo, independentemente de seu nível hierárquico. "A gente trabalha com muitos projetos, às vezes até alguns que não são da nossa área de atuação. Mas, se podemos oferecer alguma contribuição, somos convidados para participar em determinado momento, podendo ficar sob a liderança de alguém que está em um nível hierárquico acima ou até mesmo abaixo do nosso. Isso, aqui, não importa, não faz diferença", fala o gerente de comunicação.

Uma das principais preocupações da empresa é a de motivar, constantemente, os seus colaboradores. Prêmios que podem ir de um boné até uma viagem ou um bolo de dinheiro são oferecidos para os que se envolvem em projetos pessoais. Matsuo explica que a premiação em si não faz muita diferença no Google: "o que realmente faz diferença é a pessoa sentir que contribuiu efetivamente. Essa é a chave da nossa relação com os funcionários. Aqui, não estimulamos só as pessoas que trazem grandes economias, ou que aumentem absurdamente as vendas, mas premiamos as pessoas que têm ideias brilhantes e que melhoram as vidas das outras pessoas que aqui trabalham", completa.

A criatividade e a inovação também estão em constante fomentação na empresa. "Só para se ter uma ideia, na porta do banheiro tem um quadro branco chamado de *bathroom brainstorm*, em que os funcionários deixam frases quaisquer que são complementadas por outros colaboradores. Tudo visando o incentivo e o estímulo à criatividade", explica Ximenes, gerente de comunicação.

O Google também privilegia a política de não possuir portas nem barreiras em seu escritório. Segundo Ximenes, os próprios fundadores da empresa circulam entre os funcionários e são, muitas vezes, motivos de piadinhas. "Aqui não tem essa de ter de tomar cuidado com o chefe. O Alexandre Hohagen, que é o diretor-geral do Google Brasil, joga pebolim e leva o maior caldo de todo mundo. O pessoal tira sarro dele mesmo."

> Por meio de uma gestão de pessoas inovadoras e um tanto quanto excêntrica, o Google vem se destacando como uma empresa criativa e como referência em qualidade de vida no mercado, contribuindo, assim, para a criação de um conceito moderno e revolucionário nas relações humanas dentro do ambiente de trabalho, refletindo na vida pessoal e profissional como um todo.

Fonte: Adaptado de Machado, 2013.

Para saber mais

BRAZILNATION. **Google Brasil**: quem trabalha aqui não tem vontade de sair. 2 maio 2007. Disponível em: <https://www.youtube.com/watch?v=oYRprjIEpsU#t=18>. Acesso em: 4 jun. 2014.

CHAYAMITI, I. Conheça o novo escritório do Google. **Veja São Paulo**, 6 fev. 2013. Disponível em: <http://vejasp.abril.com.br/materia/escritorio-google>. Acesso em: 4 jun. 2014.

2.2.3
Teoria dos dois fatores, de Herzberg

Em meados dos anos 1950, o psicólogo Frederick Herzberg começou a trabalhar na construção da *teoria dos dois fatores* (conhecida também como *teoria da higiene-motivação*). Herzberg entrevistou mais de 200 indivíduos, indagando-os a respeito de situações em que se sentiram excepcionalmente bem no trabalho e a respeito dos momentos em que se sentiram mal (Casado, 2002).

Como resultado das entrevistas de Herzberg, ele descobriu que algumas características tendiam a se relacionar com a satisfação no trabalho e outras com a insatisfação. O autor observou que alguns fatores estavam ligados mais ao ambiente externo ao indivíduo, ou seja, seriam motivações extrínsecas, as quais incluem a amizade com superiores e colegas, as condições físicas no ambiente de trabalho, a recompensa salarial e a segurança de não perder o emprego. Esses fatores foram denominados *fatores higiênicos*.

Os fatores que efetivamente motivavam os indivíduos e os levavam à satisfação eram relacionados ao próprio indivíduo e ao tipo de trabalho desenvolvido, ou seja, seriam motivações intrínsecas, tais como a realização pessoal, a responsabilidade, o trabalho em si e o reconhecimento do esforço pessoal.

> Ao caracterizar a diferença entre esses dois tipos de fatores, Herzberg procurou demonstrar que não basta oferecer fatores de higiene para ter pessoas motivadas dentro das organizações. Ao atendermos esses fatores extrínsecos ao indivíduo, só estamos lhe garantindo bem-estar físico. É necessário ir além dessa instância e oferecer aos liderados as oportunidades para que cheguem aos objetivos de satisfação interior, aqueles situados no mais alto nível de prioridade para o indivíduo. (Bergamini, 2003, p. 66)

Assim, para Herzberg, os dados sugeriam que a eliminação das características de insatisfação não tornaria o trabalho necessariamente satisfatório. Logo, o oposto da satisfação não seria a insatisfação, mas a não satisfação, e vice-versa. Portanto, "os executivos que procuram eliminar os fatores que geram insatisfação podem conseguir paz, mas não necessariamente a motivação dos funcionários" (Robbins, 2005, p. 135).

Figura 2.4 – Comparação entre satisfeitos e insatisfeitos

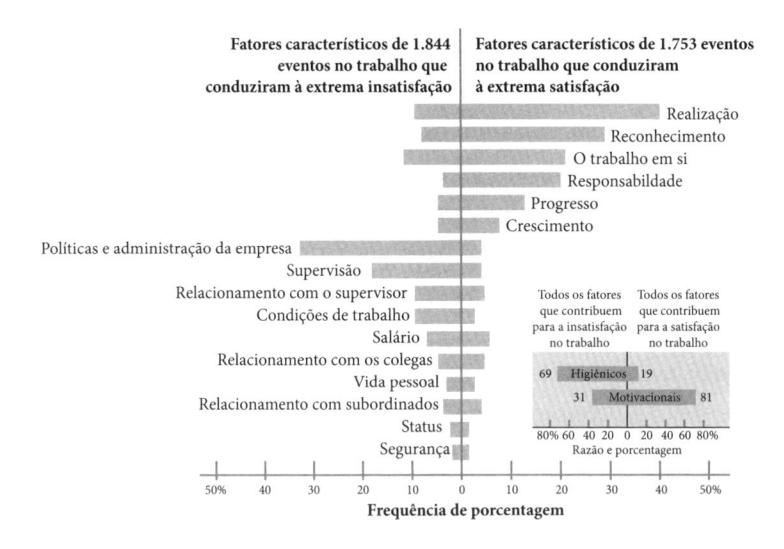

Fatores característicos de 1.844 eventos no trabalho que conduziram à extrema insatisfação

Fatores característicos de 1.753 eventos no trabalho que conduziram à extrema satisfação

- Realização
- Reconhecimento
- O trabalho em si
- Responsabilidade
- Progresso
- Crescimento
- Políticas e administração da empresa
- Supervisão
- Relacionamento com o supervisor
- Condições de trabalho
- Salário
- Relacionamento com os colegas
- Vida pessoal
- Relacionamento com subordinados
- Status
- Segurança

Todos os fatores que contribuem para a insatisfação no trabalho | Todos os fatores que contribuem para a satisfação no trabalho
Higiênicos 69 | 19
Motivacionais 31 | 81

80% 60 40 20 0 20 40 60 80%
Razão e porcentagem

50% 40 30 20 10 0 10 20 30 40 50%
Frequência de porcentagem

Fonte: Robbins, 2005, p. 135.

Desse modo, Herzberg agrupou o *continuum* "satisfação – não satisfação" e "insatisfação – não insatisfação" em dois grupos: os fatores higiênicos (extrínsecos) e os motivacionais (intrínsecos).

Figura 2.5 – *Continuum* dos fatores motivacionais e higiênicos

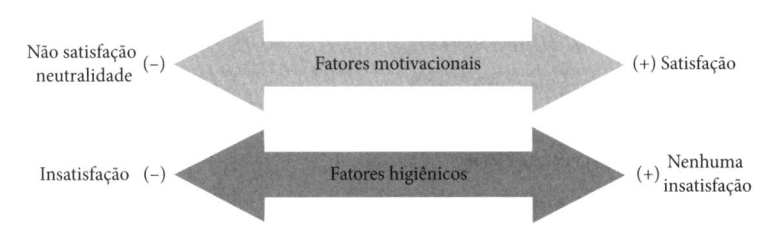

Não satisfação neutralidade (–) ← Fatores motivacionais → (+) Satisfação

Insatisfação (–) ← Fatores higiênicos → (+) Nenhuma insatisfação

Fonte: Chiavenato, 2003, p. 334.

Teorias da motivação | 65

1. **Fatores higiênicos (ou fatores extrínsecos)**: são os fatores do ambiente que fogem ao controle das pessoas – estão sob controle das empresas. Podemos citar: "salário, benefícios sociais, tipo de chefia ou supervisão, condições físicas e ambientais do trabalho, política e diretrizes da empresa, clima de relacionamento entre a empresa e os funcionários, regulamentos internos etc." (Chiavenato, 2003, p. 333). Esses são os fatores que, segundo as teorias científica e clássica, deveriam ser trabalhados para motivar os funcionários. Contudo, Herzberg conseguiu demonstrar que, quando esses fatores são ótimos, eles apenas evitam a insatisfação dos indivíduos. Eles não vão atrair nem reter os talentos da organização; são, na verdade, condições necessárias e suficientes para um trabalho digno.
2. **Fatores motivacionais (ou fatores intrínsecos)**: são os fatores que estão sob controle do indivíduo. Envolvem os sentimentos de crescimento individual, reconhecimento profissional e autorrealização. Quando eles são ótimos, levam à satisfação; para alcançá-la, é necessário que o conteúdo das atividades desenvolvidas pelos funcionários na empresa seja motivador, estimulante e desafiador (Chiavenato, 2003).

Quadro 2.2 – Fatores motivacionais e higiênicos

Fatores motivacionais	Fatores higiênicos
Conteúdo do cargo (como a pessoa se sente em relação ao cargo)	Conteúdo do cargo (como a pessoa se sente em relação à empresa)
Trabalho em si	Condições de trabalho
Realização	Administração da empresa
Reconhecimento	Salário
Progresso profissional	Relação com o supervisor
Responsabilidade	Benefícios e serviços sociais

Fonte: Adaptado de Chiavenato, 2003, p. 334.

Como chave para a motivação contínua no trabalho, Herzberg propôs o "enriquecimento de tarefas" ou "enriquecimento dos cargos", que é o acompanhamento entre o nível de dificuldade das tarefas exercidas pelos funcionários *versus* o crescimento individual de cada empregado, de modo a oferecer sempre desafios para eles, a fim de motivá-los. Esse assunto será tratado no Capítulo 3.

Assim, tanto a teoria de Maslow quanto a de Herzberg apresentam pontos de concordância. Os fatores higiênicos relacionam-se com as necessidades primárias, enquanto os fatores motivacionais relacionam-se com as necessidades secundárias.

Figura 2.6 – Comparação dos modelos de motivação de Maslow e Herzberg

Maslow	Herzberg	
Necessidades de Autorrealização	Motivacionais	O trabalho em si / Responsabilidade / Progresso / Crescimento pessoal
Necessidades do ego (estima)	Motivacionais	Reconhecimento / *Status* / Prestígio
Necessidades sociais	Higiênicos	Relações interpessoais / Colegas e subordinados / Supervisão recebida
Necessidades de segurança	Higiênicos	Políticas da organização / Segurança no emprego / Apoio da chefia
Necessidades fisiológicas	Higiênicos	Condições físicas de trabalho / Salário / Vida pessoal

Fonte: Chiavenato, 2003, p. 337.

Apesar das críticas à teoria – de que ela ignora as variáveis situacionais, tem o foco apenas na satisfação e não considera o impacto da satisfação na produtividade –, seus achados têm sido considerados uma referência na gestão de pessoas, principalmente nas questões referentes ao enriquecimento de cargos e salários.

2.3
Teorias contemporâneas sobre motivação

As teorias tradicionais (hierarquia das necessidades, teorias X e Y e dois fatores) são a base para a formulação das demais teorias, que serão apresentadas a seguir. Contudo, estas últimas representam um avanço na capacidade de explicação da motivação dos trabalhadores. Isso não significa que elas sejam melhores que as anteriores, apenas que são conceitos evolucionários, na busca pela compreensão do que motiva e desmotiva os funcionários. Como você já deve ter percebido, não há uma fórmula universal para motivar o trabalhador; com a apresentação de todas essas teorias, temos o intuito de lhe trazer o conhecimento das experiências passadas e já vivenciadas por gestores, os acertos e os erros, com o objetivo de levá-lo a encontrar um modelo que atenda melhor à necessidade de seus funcionários e de sua empresa, ou, ainda, de fazê-lo refletir sobre qual desses modos pode melhor motivá-lo mais, tanto na vida pessoal quanto no profissional.

A seguir, serão apresentadas oito teorias contemporâneas sobre motivação: teoria ERG, teoria das necessidades, teoria da avaliação cognitiva, teoria da fixação de objetivos, teoria do reforço, teoria do planejamento do trabalho, teoria da equidade e teoria da expectativa.

2.3.1
Teoria ERG, de Alderfer

Clayton Alderfer, da Universidade de Yale, em 1969, reavaliou o modelo da teoria da hierarquia das necessidade, de Maslow, propondo um melhor alinhamento da teoria com o campo. A revisão da hierarquia das necessidades foi chamada de teoria ERG, sigla em inglês de *Existence, Relatedness and Growth* (em tradução livre: existência, relacionamento e crescimento).

Para o autor, existem três níveis de necessidades que se relacionam diretamente com os cinco grupos de necessidades de Maslow. Esses três níveis são conhecidos como *grupos de existência, relacionamento e crescimento*.

No grupo de existência, estão os elementos que garantem nossa manutenção vital; correspondem às necessidades fisiológicas e de segurança de Maslow. No grupo de relacionamento, encontram-se as necessidades de interação social e relacionamento interpessoal, que são relacionadas às necessidades sociais e de estima de Maslow. Já no grupo de crescimento, encontram-se as nossas necessidades de estima e autorrealização.

Bom, até agora você deve estar se perguntando: qual, então, é a diferença entre a teoria de Alderfer e a de Maslow, além do fato de que um resume as necessidades em três níveis e o outro em cinco?

Há duas diferenças principais entre a teoria de Maslow e a de Alderfer. Para Maslow, uma necessidade só atingiria o nível superior quando as necessidades do nível inferior tivessem sido atingidas. Contudo, para Alderfer, todos os níveis atuam simultaneamente, ou seja, todas as necessidades podem estar ativas, no mesmo indivíduo e ao mesmo tempo. E, ainda, na teoria ERG, acredita-se que, se uma necessidade de um nível superior for reprimida, o desejo de satisfazer outra de nível inferior aumentará. Um exemplo claro é quando nos frustramos diante de alguma situação e passamos a descontar a "raiva" na comida, ou ainda, segundo Robbins (2005, p. 137): "a incapacidade de satisfazer a necessidade de interação social, por exemplo, pode aumentar o desejo de ganhar mais dinheiro ou de ter melhores condições de trabalho".

Assim, acredita-se que a teoria ERG é mais coerente com as diferenças individuais, tendo em vista que a educação que se recebe,

[os] "antecedentes familiares e o ambiente cultural no qual se vive podem alterar a importância que cada grupo de necessidades tem para uma pessoa. E as evidências demonstram que pessoas em culturas diferentes classificam as necessidades de maneiras diversas – por exemplo, os espanhóis e japoneses colocam as necessidades sociais antes de seus requisitos materiais. (Robbins, 2005, p. 137)

2.3.2
Teoria das necessidades, de McClelland

Em 1961, David McClelland e sua equipe desenvolveram outra teoria com enfoque nas necessidades dos indivíduos, a qual ficou conhecida como *teoria das necessidades* de McClelland. Embora essa teoria também traga o conceito de necessidades como de origem biológica, não as considera pela perspectiva da hierarquia das necessidades. Ela enfoca as necessidades em três grandes grupos (Robbins, 2005):

a | **Necessidade de realização**: busca da excelência, de se realizar em relação a determinados padrões, de lutar pelo sucesso.

b | **Necessidade de poder**: necessidade de fazer com que outros se comportem de um modo que não fariam naturalmente.

c | **Necessidade de associação/afiliação**: desejo de relacionamentos interpessoais próximos e amigáveis.

Para Gondim e Silva (2007), essas três necessidades se inter-relacionam e apresentam níveis de intensidade diferentes nas pessoas, estando relacionadas com o perfil psicológico e com os processos de socialização aos quais os sujeitos foram submetidos no decorrer da vida. Quando a necessidade de realização se destaca, a pessoa tende a ter alta motivação para buscar a excelência, assumindo, até mesmo, desafios no trabalho e tendo resiliência para lutar pelo sucesso pessoal. Quando a necessidade mais forte é a de poder, a pessoa se sente motivada a influenciar e controlar outras pessoas. Por último, quando a necessidade de associação/afiliação está mais desenvolvida, a pessoa concentra sua atenção na manutenção de seus relacionamentos interpessoais, para que seja aceita pelos outros.

Figura 2.7 – Necessidades segundo McClelland

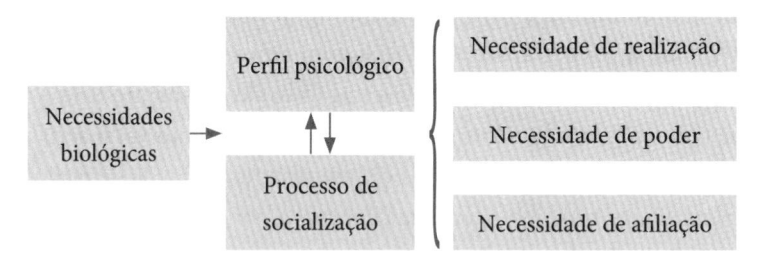

Necessidades biológicas → Perfil psicológico ↕ Processo de socialização { Necessidade de realização; Necessidade de poder; Necessidade de afiliação }

Fonte: Gondim; Silva, 2007, p. 148.

Robbins (2005) destaca que há pessoas que têm uma inclinação para o sucesso, são motivadas por desafios, pela necessidade de sempre fazer algo melhor, da melhor forma possível. Essa compulsão tem o nome de *necessidade de realização*. Pessoas assim não aceitam tarefas muito fáceis, por não serem desafiadoras nem difíceis demais. Preferem desafios com nível intermediário de dificuldade. Assim, ao identificarmos funcionários com esse perfil, para motivá-los, é preciso lhes atribuir bastante responsabilidade, *feedbacks* constantes e atividades com grau médio de risco.

Outras têm inclinação para o poder, valorizam mais o prestígio e a influência do que propriamente o desempenho eficaz em uma tarefa. Por último, há aquelas com necessidades de afiliação, que anseiam por fazer novas amizades, estão sempre cooperando umas com as outras e gostam de relacionamentos com base em trocas e compreensão entre as partes.

2.3.3
Teoria da avaliação cognitiva

A teoria da avaliação cognitiva propõe que a inserção de remunerações e recompensas para atividades que antes eram gratuitas, e, por si sós, motivadoras e gratificantes tende a reduzir a motivação.

É o que justifica o caso comentado no Capítulo 1 deste livro. Imagine que você adora tirar fotos (suas e dos amigos) como diversão; é uma atividade que você aprecia fazer. Suponhamos que um dia uma amiga resolva convidá-lo para fazer as fotos do casamento dela e lhe ofereça um pagamento pelo serviço. O pagamento vai inserir uma nova variável, pois agora você tem responsabilidade de fazer um excelente trabalho e tem uma cobrança por resultados, afinal, trata-se do casamento de sua amiga. A inserção da recompensa poderá fazer com que o efeito do seu prazer de fotografar diminua e a atividade torne-se uma obrigação em vez de uma diversão, tal qual era antes (Davidoff, 2001).

A teoria da avaliação cognitiva sustenta que

> quando a organização usa recompensas externas para premiar desempenhos superiores, as recompensas internas, que resultam de o indivíduo fazer o que gosta, são reduzidas. Em outras palavras, quando a recompensa externa é dada a um indivíduo pelo fato de ele ter realizado uma tarefa interessante, isso causa uma queda no interesse que ele tem pela tarefa em si. (Robbins, 2005, p. 140)

A explicação está no fato de que se altera o motivo da ação: se antes o motivo era a diversão e o prazer, quando uma recompensa é inserida, passa-se à obrigação e ao dever de realizar uma tarefa bem-sucedida.

2.3.4
Teoria da fixação de objetivos

Quantas vezes ouvimos de nossos pais ou de nossos chefes a expressão "Dê o melhor de si, é tudo o que podemos lhe pedir", ou ainda, "Faça o melhor possível"? No final dos anos 1960, Edwin Locke apresentou sua teoria baseada justamente no contrário do que nos é pedido: "que apenas ofereçamos o melhor de nós em determinada atividade". Locke afirmou que as pessoas precisam visualizar objetivos claros e diretrizes bem definidas para alcançar o sucesso em determinada tarefa. A intenção de lutar por um objetivo bem definido é a maior fonte de motivação no trabalho, pois direciona quais ações o funcionário deverá tomar e de quanto tempo deverá dispor para alcançar o resultado esperado (Robbins, 2005).

A especificidade dos objetivos funciona como um estímulo interno. Por exemplo, um vendedor que tem uma meta de 20 mil reais semanais vai ter mais êxito do que um vendedor cuja meta é apenas "faça o melhor possível", pois aquele terá um foco, um parâmetro da quantia que deverá perseguir e do esforço necessário e suficiente. Ainda, Locke identificou que outros fatores também motivam o funcionário na busca pelos objetivos organizacionais: a) o grau de dificuldade dos objetivos – quanto maior o grau, mais desafiadora e motivadora é a tarefa; b) a participação dos funcionários no processo de definição das metas a serem alcançadas – aumenta-se a aceitação da meta, tornando-a atraente para o trabalhador, uma vez que as pessoas se comprometem mais com as escolhas das quais participaram; e c) a utilização de *feedbacks* – o que conduz a melhores desempenhos, pois, assim, o empregado tem meios de avaliar seus progressos e a efetividade de seus esforços (Casado, 2002).

Para Robbins (2005, p. 142), além do *feedback*, há ainda outras quatro características que podem influenciar na relação objetivo-desempenho. São elas:

a | **Comprometimento com o objetivo**: quando o indivíduo está comprometido com o objetivo, dificilmente vai abandoná-lo. "Isso acontece mais frequentemente quando os objetivos se tornam públicos, quando o indivíduo tem um centro de controle interno e quando as metas são estabelecidas pela própria pessoa, em vez de impostas."

b | **Autoeficácia adequada**: está relacionada à segurança e confiança da pessoa de que será capaz de realizar determinada tarefa; quanto maior ela for, maior a probabilidade de um bom desempenho. Ainda, pessoas com autoeficácia tendem a se sentir desafiadas quando recebem *feedbacks* negativos, ao contrário de pessoas com baixa autoeficácia, que tendem a desanimar e desistir dos objetivos propostos.

c | **Características da tarefa**: "As pesquisas sugerem que a fixação individual de objetivos não funciona igualmente bem em todas as tarefas. As evidências indicam que o processo funciona melhor quando a tarefa é simples (e não complexa), familiar (e não nova) e independente (e não interdependente). Nas tarefas interdependentes, a fixação de objetivos em grupos é mais aconselhável."

d | **Cultura nacional**: é uma variável que pode afetar o desempenho e a fixação por objetivos, pois algumas culturas tendem a ter maior poder de determinação e interdependência na busca pelos objetivos, como no caso da cultura norte-americana.

Assim, de modo geral, acredita-se que a definição e a fixação de objetivos específicos e difíceis tendem a ser uma poderosa força motivacional, capaz de conduzir à melhoria no desempenho dos funcionários.

2.3.5
Teoria do reforço

Em contrapartida à teoria cognitiva de fixação de objetivos, temos uma teoria comportamentalista, conhecida como *teoria do reforço*. Desenvolvida pelo psicólogo comportamentalista Burrhus Frederic Skinner (considerado um dos "pais da psicologia comportamental"), a teoria do reforço acredita que o comportamento das pessoas possa ser influenciado e condicionado por reforços, que podem ser positivos (recompensas) ou negativos (punições).

> **Para refletir sobre a teoria do reforço, assista ao terceiro capítulo da terceira temporada da série *The Big Bang Theory*.**
>
> THE BIG Bang: A teoria – condicionamento operante – reforço e punição – Skinner (Dublado). 28 set. 2013. Disponível em: <https://www.youtube.com/watch?v=ZJR5mjHVJxo>. Acesso em: 4 jun. 2014.

Reforço consiste em estímulos que, quando apresentados, atuam para fortalecer o comportamento que os precede (veja no exemplo da série *The Big Bang Theory*: o reforço positivo é o chocolate dado à personagem como prêmio por seu bom comportamento) ou para enfraquecer a resposta que o produz (quando crianças, enfiamos o dedo na tomada; após tomar um choque, aprendemos que não devemos fazer isso) (Keller, 1973).

> A teoria do reforço ignora as condições internas do indivíduo e se concentra apenas no que lhe acontece quando realizada uma ação qualquer. Como não leva em conta aquilo que dá origem ao comportamento, ela não é, estritamente falando, uma teoria sobre motivação. Mas fornece poderosos meios para analisar aquilo que controla o comportamento e, por isso, é sempre considerada nas discussões sobre motivação.
> (Robbins, 2005, p. 143)

A utilização de reforços pode condicionar o comportamento. Por exemplo, se toda vez que produzir mais do que os colegas você for censurado, provavelmente vai reduzir sua produtividade. No entanto, o contrário também é verdade: se toda vez que você produzir mais for premiado por tal atitude (recompensas financeiras, descanso e elogios), tenderá a manter tal comportamento.

Para saber mais

Leia o livro:

KELLER, F. S. **Aprendizagem**: teoria do reforço. São Paulo: EPU, 1973.

Bergamini (2003, p. 66) levanta uma crítica a essa teoria:

> Preocupados em modelar o comportamento, os estudiosos do behaviorismo, como são conhecidos, recomendavam gratificar os comportamentos supostamente adequados (reforço positivo) e punir os inadequados (reforço negativo). Como Skinner, os administradores que adotaram essa postura acreditavam que, com prêmios ou castigos, seria possível fazer com que seus funcionários seguissem qualquer tipo de conduta por eles planejada. Dessa forma, um bom administrador deveria desenvolver suas habilidades de manipulador das variáveis do ambiente organizacional, servindo-se delas como reforços positivos ou negativos.

Assim, para Bergamini, é preciso saber distinguir que motivação não é o ato de recompensar os indivíduos quando do sucesso de uma atividade e de puni-los no insucesso. Isso é teoria do reforço! Motivação é tudo o que foi visto nos Capítulos 1 e 2 e tudo o que veremos no Capítulo 3.

2.3.6
Teoria do planejamento do trabalho

Entender nosso trabalho diário como uma fonte motivadora, que nos faça dormir e acordar felizes, nem sempre é uma tarefa fácil. "Pesquisas recentes em planejamento do trabalho oferecem evidências ainda mais fortes de que a maneira como os elementos do trabalho são organizados pode aumentar ou reduzir a motivação" (Robbins, 2005, p. 143).

Para Hackman e Oldham, citados por Robbins (2005), existem cinco dimensões essenciais que compõem um modelo de características do trabalho e que podem aumentar ou reduzir a motivação dos funcionários. São elas:

1. **Variedade de habilidades**: é o grau de variação do desenvolvimento das atividades. É alta quando várias atividades são realizadas pelo mesmo funcionário e baixa quando não há diversidade de atividades.
2. **Identidade da tarefa**: é o grau de envolvimento com a tarefa, se o funcionário participa de todo o processo ou apenas de uma pequena parte dele.
3. **Significância da tarefa**: é o grau que impacta a vida de outras pessoas, pode ser alto ou baixo.
4. **Autonomia**: está ligada à liberdade, independência e ao livre-arbítrio do indivíduo no planejamento e desenvolvimento de seu trabalho.
5. *Feedback*: é o grau de retorno sobre o desempenho dos funcionários, após a execução das tarefas.

No modelo de características, as três primeiras dimensões (variedade de habilidades, identidade da tarefa e significância da tarefa) se combinam para criar um trabalho mais rico em sentido.

Um trabalho que dá autonomia oferece também a sensação de responsabilidade, assim como o *feedback* proporciona o conhecimento dos verdadeiros resultados das atividades no trabalho.

Figura 2.8 – Modelo de características no trabalho

Dimensões essenciais do trabalho	Estados psicológicos críticos	Resultados pessoais e do trabalho
Variedade de habilidades Identidade da tarefa Significância da tarefa	Experiência de perceber o trabalho como significativo	Alta motivação interna para o trabalho
Autonomia	Responsabilidade experimentada pelos resultados do trabalho	Desempenho de alta qualidade no trabalho Alta satisfação com o trabalho
Feedback	Conhecimento dos verdadeiros resultados das atividades do trabalho	Baixo absenteísmo e baixa rotatividade

Força da necessidade de crescimento do funcionário

Fonte: Robbins, 2005, p. 144.

Salancik e Pfeffer, citados por Robbins (2005, p. 145), propõem outra teoria do planejamento do trabalho. Para eles, as pessoas reagem ao trabalho de acordo com a percepção que têm dele. Para esse modelo, "os funcionários adotam atitudes e comportamentos em resposta às indicações sociais fornecidas pelas pessoas com as quais eles têm contato". Ou seja, sofremos influência de nossos colegas, chefes, amigos, membros da família ou clientes.

Robbins (2005, p. 145) conta um caso:

Garry Ling arrumou um emprego de verão em uma serraria. Como havia poucos empregos disponíveis e esse pagava particularmente bem, Gary chegou para seu primeiro dia de trabalho muito motivado. Duas semanas mais tarde, contudo, sua motivação havia diminuído bastante. Seus colegas não paravam de falar mal do emprego. Diziam que era enfadonho, que ter de bater ponto na entrada e na saída provava que os chefes não confiavam neles, e também que os superiores nunca ouviam suas opiniões. As características objetivas do emprego de Gary não mudaram em duas semanas; mas ele reconstruiu a realidade com base nas mensagens percebidas dos outros.

Assim, para a teoria de processamento de informação social, é possível manipular o comportamento dos funcionários por meio de ações sutis, como comentários feitos por colegas ou chefes, de modo que, quanto mais tempo dedicado aos funcionários em lhes dizer quanto o seu trabalho é importante, mais resultados satisfatórios para a sua motivação podem ser gerados.

2.3.7
Teoria da equidade

Provavelmente, uma vez na vida você já passou por uma situação que remete à teoria da equidade. Imagine que você estuda e se dedica durante vários anos na faculdade, faz aulas de inglês e espanhol, lê vários livros por mês sobre sua área de atuação e, ao final do curso, é aprovado em vários processos seletivos, inclusive de uma empresa multinacional. Você trabalha feliz, ganha um salário de R$ 6.000 mensais e destaca-se na empresa. Porém, era esperado que, após tantos anos de dedicação, você obtivesse sucesso. Tudo está indo maravilhosamente bem, até o dia em que um profissional recém-formado, sem experiência e sem fluência em outro idioma é contratado pela mesma empresa por um salário de R$ 7.200. São R$ 1.200 a mais do que você ganha, o que o desanima e desmotiva – afinal, de que valeu tanto esforço e dedicação por anos? Você começa até a cogitar procurar outro emprego.

O caso ilustra o papel da equidade para a motivação do trabalhador. Os funcionários tendem sempre a fazer comparações entre seus trabalhos,

> as entradas (ou seja, esforço, experiência, educação, competência) e os resultados (isto é, a remuneração, aumentos, reconhecimento) – e os dos outros. Percebemos o que recebemos do trabalho (resultados) em relação ao que damos a ele (entradas), e comparamos nossa relação entre resultados-entradas com a relação resultados-entradas de outros funcionários.
> (Robbins, 2005, p. 145)

Assim as pessoas procuram modos de eliminar a ausência de equidade, caso julguem que isso esteja acontecendo, o que elas podem fazer reduzindo suas entradas (esforçando-se menos), procurando aumentar os resultados (pedindo aumento), distorcendo a percepção (convencendo-se de que trabalham mais que os demais), distorcendo a percepção que têm umas das outras (o outro não trabalha tanto quanto eu), buscando outro ponto de referência ("posso não ganhar tanto quanto meu irmão, mas ganho mais do que meu pai, quando tinha a minha idade") ou deixando o emprego (pedindo demissão). São modos de lidar com a equidade (Casado, 2002).

2.3.8
Teoria da expectativa

Em 1964, Victor Vroom propôs uma teoria voltada às variáveis dinâmicas presentes no ambiente de trabalho que explicam o comportamento das pessoas: a teoria da expectativa. Segundo essa teoria,

> um funcionário se sente motivado a despender um alto grau de esforço quando acredita que isso vai resultar em uma boa avaliação de desempenho; que a boa avaliação vai resultar em recompensas organizacionais – como uma bonificação, um aumento de salário ou uma promoção –; e que essas recompensas vão satisfazer suas metas pessoais. (Robbins, 2005, p. 148)

Assim, a teoria da expectativa enfoca três relações:

1. relação esforço-desempenho;
2. relação desempenho-recompensa;
3. relação recompensa-metas pessoais.

Conforme essa teoria, os trabalhadores podem não se sentir motivados em função de alguns cenários, tais como:

a | Por mais que se esforcem, não receberão uma avaliação de desempenho melhor, pelo fato de não apresentarem formação suficiente; de o sistema de avaliação considerar outros fatores, como lealdade, iniciativa, o que significa que mais esforço não trará melhores resultados; de terem um relacionamento ruim com o chefe.
b | A relação desempenho-recompensa é fraca, quando, por exemplo, a remuneração está ligada a fatores como antiguidade na empresa.
c | As recompensas não são adequadas à expectativa dos funcionários: eles se esforçam para obter uma promoção e recebem apenas um aumento mínimo de salário; esperam um serviço mais desafiador, mas só conseguem algumas palavras de elogios etc.

O importante é que os gestores saibam que as pessoas têm necessidades específicas: o que o motiva não necessariamente motiva o colega de trabalho. Para cada indivíduo, há um tipo de recompensa mais adequado. Os tipos de recompensas e as formas de motivação serão especificados no Capítulo 3.

O papel do gestor deve ser sempre identificar o perfil do comportamento de seus funcionários, para que possa direcionar o melhor modo de motivá-los. Contudo, uma ressalva é importante: para que o indivíduo possa apresentar um desempenho compatível com a sua capacidade, é preciso haver condições suficientes de apoio, tais como recursos materiais adequados, colegas cooperativos, regras e procedimentos claros, informações suficientes e tempo adequado para a tomada de decisão. Sem essas condições, o desempenho certamente será afetado.

Cada teoria apresentada apresenta uma visão da natureza humana, com características específicas. Porém, há um fator limitante em todas elas: o cultural. A maioria das teorias foi desenvolvida nos Estados Unidos, para os norte-americanos. No caso da hierarquia das necessidades de Maslow, por exemplo, podemos considerar que em países como Japão e Grécia, no quais a fuga das incertezas é forte, as necessidades que estão no topo da hierarquia são as necessidades de segurança, países que prezam a qualidade de vida, como Noruega e Suécia, provavelmente terão as necessidades sociais como as mais importantes (Robbins, 2005).

Estudo de caso

Benefícios diferentes motivam funcionários

Empresas apostam em agrados para tornar o cotidiano da equipe mais leve e fidelizar os colaboradores

Por lei, as empresas devem garantir a seus empregados Fundo de Garantia por Tempo de Serviço (FGTS), vale-transporte, férias e décimo terceiro salário. Outros benefícios, como assistência médica, auxílio-creche e bolsa de estudos, por exemplo, são opcionais. Podem, no entanto, ser obrigatórios dependendo de acordos coletivos com sindicatos. Para algumas corporações, ainda é pouco. Elas apostam também em agrados para fidelizar os funcionários.

Muitas empresas já perceberam que negligenciar o capital humano é um erro. A insatisfação causa alta rotatividade de pessoal. O dinheiro se perde e os processos ficam lentos com a recorrente necessidade de treinar gente nova. "Em um mercado competitivo, corporações que oferecem algo a mais para seus funcionários são capazes de atrair e reter talentos", diz Bruno Mendonça, consultor e analista de estudos do Instituto Great Place to Work (GPTW), que premia as melhores empresas para trabalhar.

Na pesquisa GPTW 2013, 82% dos funcionários afirmaram confiar na credibilidade, no respeito e na imparcialidade dos seus gestores, orgulham-se de trabalhar onde trabalham e atestam que há um sentimento de camaradagem entre os colegas. Nas melhores, benefícios diferenciados são recorrentes.

"Qualquer prática que ajude funcionários a equilibrar vida profissional e pessoal é válida", diz Mendonça. Criar um clima informal melhora as relações no ambiente de trabalho. "Mas benefício diferente não garante motivação", diz Denise Delboni, professora de relações do trabalho da Fundação Armando Álvares Penteado (Faap). Ela afirma que as iniciativas têm seu valor como complemento. "Só não substituem bônus, prêmios individuais, participação nos lucros."

A permissão do uso de roupas casuais ou de sair um dia da semana mais cedo já são práticas bastante comuns. Portanto, não impressionam tanto como no passado. A empresa que deseja se destacar pode encontrar inspiração nas histórias a seguir. Dudalina e Rota do Mar, ambas companhias da área têxtil, criaram ações que oferecem aos funcionários a chance de viver momentos especiais.

Dia de Princesa

Com 85% de mulheres entre os mais de 2 mil funcionários, a Dudalina, de Santa Catarina, conhecida por suas camisas sofisticadas, criou há quatro anos o Dia de Princesa. A cada dois meses, em média, uma colaboradora é sorteada para uma transformação no visual. Além de dois *looks* com roupas da marca bolados por um *personal stylist*, a "princesa" da vez passa horas no salão de beleza. Ganha massagem, manicure, maquiagem, tratamento na pele e mudanças no cabelo.

"Ela é acompanhada o dia inteiro por alguém da nossa equipe. Se não é aqui de Blumenau, fica em hotel com um acompanhante", diz Edison Vasques, diretor de marketing e branding da Dudalina. Se a participante é de uma cidade longe, vem de avião. "À noite, já toda produzida, a colaboradora tem um jantar com a pessoa que a acompanha, geralmente marido ou namorado."

Vasques diz que a ação levanta a autoestima das funcionárias. Elas falam bem da experiência e a empresa se contagia com o clima positivo. Entre outras iniciativas da Dudalina estão a entrega de enxoval completo para as futuras mamães da corporação e a reforma da casa de funcionários indicados pelos próprios colegas.

Hora do sim

A ideia era preparar uma festa de debutante para filhas de funcionários. Mas numa pesquisa entre a equipe de 600 pessoas, a empresária Marta Ramos, da Rota do Mar, grife de *street* e *surfwear* de Santa Cruz do Capibaribe, Pernambuco, descobriu muitos casais que apenas moravam juntos. "Eles não conseguiam oficializar a união por causa dos custos."

Há quatro anos, a companhia decidiu bancar o casamento coletivo de 15 casais de colaboradores pela primeira vez. A terceira edição, para o ano que vem, já tem lista de espera. Salão, bufê, fotógrafo, vídeo, decoração, música, direito a 30 convidados por casal. Tudo é pago pela Rota do Mar – valor em torno de R$ 40 mil.

No cartório e na igreja, eles ganham desconto para cerimônias e documentos. As roupas ficam por conta dos noivos. "O critério de escolha é baseado na estabilidade da união. Avaliamos se os candidatos ao casamento estão num relacionamento sério, sólido", diz Marta. Entre outros benefícios, a empresa oferece bolsa de estudos para cursos de idiomas, técnicos, graduação e especialização; direito a usar o mais bem equipado complexo esportivo da região gratuitamente e acompanhamento psicológico quando há necessidade.

Fonte: Frutuoso, 2013.

Síntese

O Capítulo 2 trouxe a evolução do pensamento da gestão, que se iniciou com uma visão de homem como máquina e evoluiu para uma visão baseada na influência dos fatores psicológicos sobre o comportamento dos indivíduos. Assim, surgiram as teorias da motivação.

Três teorias se tornaram pioneiras da área: teoria da hierarquia das necessidades, de Maslow, as teorias X e Y, de McGregor, e a teoria dos dois fatores, de Herzberg.

Essas teorias tradicionais são a base para a formulação das demais, que surgiram em seguida, constituindo as teorias contemporâneas sobre motivação: teoria ERG, teoria das necessidades, teoria da avaliação cognitiva, teoria da fixação de objetivos, teoria do reforço, teoria do planejamento do trabalho, teoria da equidade e teoria da expectativa.

Estas últimas representam um avanço na capacidade de explicação da motivação dos trabalhadores. Isso não significa que sejam melhores que as anteriores, apenas que são conceitos evolucionários, na busca pela compreensão do que motiva e desmotiva os funcionários. Não há uma fórmula universal para motivar o trabalhador; com a apresentação de todas essas teorias, temos o intuito de trazer o conhecimento das experiências passadas e já vivenciadas pelos pesquisadores, os acertos e os erros, com o objetivo de levá-lo a encontrar um modelo que atenda melhor à necessidade de seus funcionários e de sua empresa ou, ainda, de fazê-lo refletir sobre qual desses modos pode motivá-lo mais, tanto na vida pessoal quanto na profissional.

Questões para revisão

1. (Enade – 2009) Saiu o resultado da pesquisa de clima organizacional da Bom Tempo S.A. Entretanto, os resultados relativos ao item Responsabilidade e Motivação com o Trabalho são os que mais preocupam Jorge, o diretor de Recursos Humanos. Estes são os resultados da pesquisa:

Responsabilidade e motivação com o trabalho	Índice de 5 a 1*	Grau de importância**

• Satisfação com o conteúdo e a variedade do trabalho.	2,2	Muito importante
• Satisfação com o nível de responsabilidade sobre o trabalho.	2,1	Importante
• Satisfação com a autonomia para realizar o trabalho.	4,5	Muito importante
• Satisfação com a influência na tomada de decisão para realizar o trabalho.	4,2	Importante
• Satisfação com o *feedback* no trabalho e nos seus resultados.	4,0	Muito importante

* Índice de 1 a 5, sendo 5 muito bom; 4 bom; 3 regular; 2 ruim; 1 muito ruim.
** Escala de 4 opções: muito importante; importante; pouco importante; não importante.

Alguns funcionários relataram, no campo do questionário reservado para comentários adicionais, que as atividades não utilizavam plenamente o seu potencial.

Com base nas informações e nos dados apresentados, Jorge solicitou à sua equipe que preparassem algumas opções de planos voltados para gerar motivação com o trabalho e reverter essa situação junto aos funcionários.

Por qual das alternativas Jorge deverá optar?

a) Abertura dos canais de comunicação e *feedback*.
b) Aumento do trabalho em grupo.
c) Enriquecimento de cargo lateral e vertical.
d) Participação dos funcionários no processo decisório.
e) Simplificação das atividades.

2. (Enade – 2009) Pela proposta motivacional de Maslow, a empresa que pretende prever o comportamento de seus funcionários e torná-los mais comprometidos e motivados em relação às metas organizacionais deve atender às suas necessidades. A respeito da hierarquia de necessidades de Maslow, considere as afirmativas a seguir:

I. As necessidades fisiológicas são também denominadas de necessidades biológicas ou básicas.
II. As necessidades de segurança relacionam-se à proteção contra perigos ou ameaças à sobrevivência.
III. As necessidades sociais são consideradas as mais elevadas e maximizam as aptidões e potenciais do ser humano.
IV. As necessidades de estima tratam da maneira como a pessoa se vê e se autoavalia em relação a si própria e ao grupo.
V. As necessidades de autorrealização são as necessidades de amizade, participação, filiação a grupos, amor e afeto.

Estão CORRETAS somente as afirmativas
a) I, II e IV.
b) II, IV e V.
c) III, IV e V.
d) I, II e III.
e) II, III e V.

3. (FCC – 2012 – TRF) Dentre as teorias da motivação, aquela que, numa primeira visão, sugere que os gerentes devem coagir, controlar e ameaçar os funcionários a fim de motivá-los e, numa segunda visão, acredita que as pessoas são capazes de ser responsáveis, não precisam ser coagidas ou controladas para ter um bom desempenho, é a teoria:
a) da motivação e higiene.
b) da hierarquia das necessidades.
c) X e Y.
d) dos motivos humanos.

4. (Enade – 2009 – Adaptado) Gabriel conseguiu seu primeiro emprego como auxiliar administrativo na Seguradora Grandes Amigos, mas não se sente entusiasmado com suas tarefas.

Comumente se atrasa, falta e não cumpre suas obrigações. Assim mesmo, a gerente de Gabriel mantém elogios e prêmios, em uma tentativa de mudar o seu comportamento, mas o que está conseguindo é o descontentamento de sua equipe. Baseando-se nas teorias motivacionais aprendidas neste capítulo, analise a atitude da gerente. Está correta ou não? Justifique sua resposta.

5. (FCC – 2010 – TRT – Adaptado) Indivíduos cuja necessidade principal é buscar a excelência, lutar pelo sucesso em suas atividade, e que buscam fazer as coisas da melhor forma e situações onde possam assumir a responsabilidade de encontrar soluções para os problemas são considerados, de acordo com a Teoria das Necessidades de McClelland, pessoas cujo motivo ou necessidade básica está ligado a uma característica específica. Qual é essa característica? Justifique sua resposta.

Questões para reflexão

1. Após o estudo de todas as teorias motivacionais, qual é a sua opinião sobre elas? Para você, somente o dinheiro motiva as pessoas?

2. Pense nas atividades desenvolvidas no seu trabalho e identifique três que realmente goste de executar e três de que não gosta. Usando o modelo de expectativa, analise cada uma de suas respostas para avaliar por que algumas atividades estimulam seu esforço e outras não.

3. Após o estudo das teorias motivacionais, identifique qual(is) dela(s) se identifica(m) mais com o seu perfil pessoal e profissional.

Para saber mais

Leia o livro:

ROBBINS, S. **Comportamento organizacional**. 11. ed. São Paulo: Pearson Prentice Hall, 2005.

Aplicando conceitos e teorias da motivação na prática organizacional | 3

Carolina Walger

Conteúdos do capítulo

- Como colocar em prática os conceitos e as teorias da motivação.
- Diferentes caminhos para que os gestores possam criar ambientes favoráveis.

Após o estudo deste capítulo, você será capaz de:

1. identificar as consequências da motivação e da desmotivação no cotidiano organizacional;
2. compreender como as teorias da motivação podem se transformar em programas para estimular a motivação dos trabalhadores;
3. analisar diferentes alternativas para estimular a motivação no contexto organizacional;
4. aplicar diferentes práticas de gestão de pessoas que podem estimular a motivação.

Ao lidar com pessoas, lembre-se de que você não está lidando com seres lógicos, e sim com seres emocionais.

Dale Carnegie

Nos Capítulos 1 e 2, foram apresentados e discutidos os conceitos ligados à motivação e as principais teorias da motivação. Com essa base teórica, você já deve ser capaz de compreender o processo da motivação e até pode arriscar responder às perguntas: "Como motivar pessoas?" e "Como ter uma equipe motivada?". De fato, o conhecimento teórico é importante, mas sabemos que nem sempre é suficiente. Conhecer a explicação teórica de alguma coisa não nos garante a possibilidade de colocá-la em prática. Portanto, o objetivo deste capítulo é demonstrar exemplos práticos de como as teorias anteriormente vistas podem ser aplicadas. Assim, em uma posição gerencial, você poderá implementar algumas ações que estimulem a motivação da sua equipe.

Você está motivado? Então, vamos lá!

3.1
Premissas básicas

É necessário partir de um pressuposto indiscutível, que é consenso entre os estudiosos do assunto, isto é, a presença da motivação nas organizações gera:

- aumento de produtividade;
- melhora da qualidade;

- melhora dos relacionamentos interpessoais;
- redução dos índices de absenteísmo (faltas ao trabalho) e *turnover* (rotatividade de pessoas).

Que gestor não quer que sua equipe tenha melhores resultados, com melhor qualidade e em um ambiente harmônico? É necessário, então, concluir que investir em estratégias que promovam a motivação da equipe deve ser uma busca constante dos gestores, na medida em que poderão ter melhores resultados com isso. Campos (2008) aponta que a necessidade de provocar motivação e mantê-la elevada é uma preocupação para todos os dirigentes de uma organização. Para o autor, cultivar trabalhadores motivados é uma tarefa importante, porém difícil de ser realizada.

Vamos começar analisando um apanhado de fatores, apresentados por Minicucci (2007), que podem favorecer a motivação dos trabalhadores nas organizações e nos ajudar a iniciar o trajeto nesse caminho:

- estímulo ao sentimento de valor pessoal;
- participação dos empregados nas decisões que afetam o seu trabalho;
- envolvimento do trabalhador com o próprio trabalho;
- estímulo do sentimento de segurança no trabalho;
- oportunidade de ganhar mais dinheiro;
- oportunidade de progresso na organização;
- oportunidade de capacitação e desenvolvimento;
- possibilidade de o trabalhador visualizar os resultados concretos do seu trabalho;
- aumento da responsabilidade pessoal;
- oportunidade para agir independentemente;
- oportunidade para liderar e desenvolver os subordinados;
- proximidade com a alta administração;

- possibilidade de prestígio dentro da empresa;
- contato mais próximo e frequente com as pessoas.

Será que seria suficiente pegar essa lista, decorar os seus itens e tentar colocá-los em prática no dia a dia? Como dissemos anteriormente, motivar pessoas é uma tarefa importante, mas está longe de ser fácil. Existe mais um fator que precisamos considerar. Reflita sobre a seguinte situação:

> Você realizou um processo seletivo rigoroso até decidir contratar uma pessoa e fez com que ela passasse por todos os treinamentos necessários para executar o trabalho. Como a sua gestão procura valorizar o trabalho de todos e oferecer possibilidades de crescimento na organização, essa pessoa estará exposta a essa mesma política. Você tem garantias sobre o rendimento desse novo empregado no trabalho?
>
> Um trabalhador pode apresentar todas as qualidades necessárias para ocupar um cargo, pode ter as ferramentas de que necessita e um bom ambiente de trabalho, mas será que executará a sua tarefa de forma satisfatória?
>
> O estudo da motivação humana apresenta um grande problema para os gestores: existe algum mistério relacionado ao fato de as pessoas executarem o trabalho da forma adequada.

Que mistério seria esse? Você recorda que, no Capítulo 1, apresentamos os conceitos de motivação extrínseca e motivação intrínseca? Não podemos nos esquecer de que cada pessoa, cada trabalhador tem necessidades diferentes. Portanto, o que motiva um pode não motivar o outro. Tentar tratar as pessoas como se fossem todas iguais pode ser arriscado. Então, qual seria a saída?

Campos (2008) aponta que o caminho é encontrar e adotar recursos organizacionais que não aniquilem a fonte de motivação inerente às pessoas e que, ao mesmo tempo, ofereçam um ambiente no qual os trabalhadores possam se sentir valorizados. Bezerra et al. (2010) afirmam que as organizações devem levar em conta as expectativas do indivíduo e o valor que ele atribui às recompensas, a fim de criar seus programas motivacionais de forma que atendam à realidade e às necessidades dos trabalhadores.

Silva, Peixoto e Batista (2011) defendem que o papel do líder está vinculado com o desenvolvimento de uma comunicação assertiva e com a motivação de um grupo, time ou equipe. Para esses autores, não existe liderança sem motivação e é quase impossível haver motivação sem uma comunicação clara e assertiva. Sobre esse assunto, Knapik (2011) explica que a motivação é um fator interno, mas que a gestão de pessoas nas organizações deve estimular e desencadear necessidades que levem pessoas e equipes à ação motivada, permitindo maior participação e valorização da força de trabalho. Carvalho, Palmeira e Mariano (2012) concluem que a motivação é o resultado da interação entre uma pessoa e determinada situação organizacional.

Com essas perspectivas em vista, podemos seguir adiante. O objetivo deve ser compreender como algumas práticas de gestão de pessoas e uma determinada postura do gestor podem contribuir para a motivação da força de trabalho.

3.2
Utilizando a administração por objetivos

De acordo com Robbins (2005), a administração por objetivos trabalha com a fixação participativa de metas tangíveis, verificáveis e mensuráveis, com o propósito de motivar as pessoas e de alcançar resultados. Essas metas devem ser propostas de acordo com os objetivos da organização, de forma que os objetivos gerais sejam desdobrados em metas específicas para cada setor e para cada indivíduo, como em um efeito cascata, ilustrado na Figura 3.1.

Figura 3.1 – Cascata de objetivos

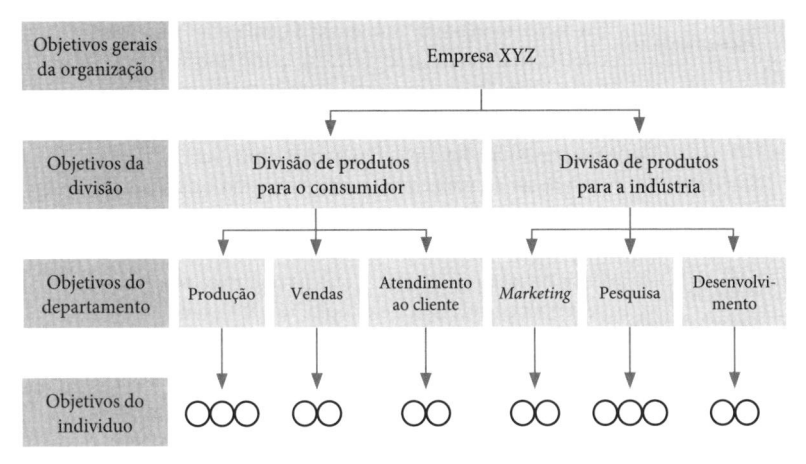

Objetivos gerais da organização	Empresa XYZ						
Objetivos da divisão	Divisão de produtos para o consumidor			Divisão de produtos para a indústria			
Objetivos do departamento	Produção	Vendas	Atendimento ao cliente	Marketing	Pesquisa	Desenvolvimento	
Objetivos do indivíduo	ooo	oo	oo	oo	ooo	oo	

Fonte: Robbins, 2005, p. 161.

Embora as metas sejam desdobradas com base nos objetivos gerais, de cima para baixo, a administração por objetivos apregoa que esse processo deve ser participativo, ou seja, deve contar com a participação dos envolvidos (gestor e empregado). Dessa forma, cada trabalhador contribui com o processo de desmembramento das metas, participando da fixação de suas metas de desempenho individual. Por ser um processo participativo, é importante, ao se estabelecerem metas, verificar se elas são tangíveis, verificáveis e mensuráveis. Isso significa que as metas não podem ser genéricas, é preciso ter clareza do que se quer e de aonde se deve chegar. Com isso, é possível acompanhar o processo e saber se as metas estão sendo atingidas ou não, o que permite correções e ajustes quando necessário.

Dessa forma, Robbins (2005) explica que a administração por objetivos apresenta quatro elementos básicos, os quais estão demonstrados no Quadro 3.1.

Quadro 3.1 – Elementos da administração por objetivos

Elemento	Características
Especificidade	As metas devem ser expressas de forma clara e direta, não se pode trabalhar com objetivos genéricos. Por exemplo: o objetivo "aumentar a qualidade" não deixa claro como isso deve ser feito ou como isso será avaliado. O ideal seria expressá-lo de outra forma, como: "reduzir o número de reclamações em 50%".
Decisão participativa	As metas não devem ser impostas pelos superiores, devem ser criadas com a participação do trabalhador. O chefe e o subordinado devem, em conjunto, decidir sobre os objetivos específicos.
Período determinado	Deve haver um prazo para que os objetivos traçados sejam alcançados. Por exemplo: reduzir as reclamações em 50% no prazo de seis meses.
Feedback	O monitoramento da busca para atingir metas deve ser constante. O processo de avaliação do progresso deve acontecer de forma contínua, para que as correções possam ser feitas.

Fonte: Elaborado com base em Robbins, 2005.

Podemos articular o uso da administração por objetivos com a teoria da fixação de objetivos (explorada no Capítulo 2), pois ambas trabalham com fixação de metas específicas e feedback. Segundo Robbins (2005), a teoria da fixação de objetivos demonstra que o estabelecimento de metas específicas leva a um melhor desempenho e que os feedbacks permitem o aprimoramento desse desempenho. Da mesma forma, Tamayo e Paschoal (2003) afirmam que as estratégias de motivação laboral são mais eficientes quando correspondem diretamente a metas do trabalhador, uma vez que a desvinculação entre metas do trabalhador e estratégias de motivação laboral pode ser fator relevante no insucesso relativo de alguns programas de motivação.

Utilizando a administração por objetivos, o trabalhador pode participar da fixação de suas metas e ter clareza daquilo que é esperado e em que tempo deve cumpri-lo; além disso, são oferecidos parâmetros por meio do acompanhamento do processo. Com essas ações, há mais comprometimento do empregado com o trabalho, resultado da segurança e da motivação.

3.3
Programas de reconhecimento dos empregados

Quem não gosta de receber um elogio? Um agradecimento? Ser recompensado? Ser reconhecido e valorizado por aquilo que faz é bom para qualquer um. No contexto organizacional, não é diferente. Perceber que a empresa, a chefia e os colegas valorizam o seu trabalho pode ter um efeito motivacional bastante forte, além de contribuir para a autoestima. Se para o trabalhador o reconhecimento é vantajoso, para a empresa também. Afinal, esse é um dos meios mais baratos de incentivar o bom desempenho profissional. Segundo Robbins (2005), os programas de reconhecimento dos empregados podem ter diferentes formatos. Por um lado, existem ações rotineiras, como atitude respeitosa, elogios, conversas francas, agradecimentos e confraternizações pelo sucesso. Esses são exemplos de ações constantes que dependem da postura do gestor e de um ambiente amistoso, capaz de criar relações de valorização na cultura organizacional.

Em contrapartida, existem programas formais, nos quais alguns comportamentos podem ser encorajados e há clareza quanto ao reconhecimento que será conquistado. Em geral, são lançados projetos, com regras claras e premiações, que podem ser mensais, semestrais ou anuais. As recompensas podem ser em dinheiro ou por estratégias não monetárias, como presentes, jantares e viagens.

Figura 3.2 – Formas de reconhecimento

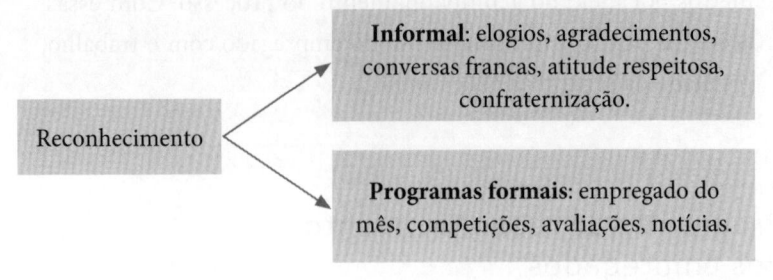

Reconhecimento
- **Informal**: elogios, agradecimentos, conversas francas, atitude respeitosa, confraternização.
- **Programas formais**: empregado do mês, competições, avaliações, notícias.

Fonte: Elaborado com base em Robbins, 2005.

Entre as possibilidades formais de reconhecimento dos empregados, os gestores podem usar a criatividade para implementar projetos que beneficiem a equipe. Talvez o projeto mais conhecido seja o de Empregado do Mês, mas você pode pensar em como adaptá-lo ou criar um projeto com base na realidade da organização em que trabalha.

O Programa Empregado do Mês consiste na avaliação dos empregados da organização com o objetivo de identificar aquele que foi destaque durante determinado período. Classicamente, conhecemos esse programa com esse nome, mas as avaliações podem ser bimestrais, trimestrais, semestrais ou anuais.

Essa avaliação deve ter como base os objetivos e as políticas organizacionais. Ou seja, é preciso ter clareza de quais comportamentos são desejáveis naquela organização para que sejam valorizados. Por exemplo, podemos avaliar os empregados nos quesitos pontualidade, cordialidade, colaboração com os colegas e criatividade. Definidos os comportamentos a serem avaliados, é necessário definir quem fará a avaliação. O mais comum é que todos os empregados da empresa participem, seja como candidatos a empregado do mês, seja indicando colegas para concorrerem, seja avaliando os possíveis candidatos. Assim, por meio de um formulário específico, os colegas avaliam aqueles que foram indicados e o que obtiver melhor avaliação ganha a competição. A recompensa pode ser financeira, com prêmios em dinheiro. Contudo, o mais comum é encontrarmos outras formas de recompensas, como brindes e presentes (aparelho televisor, bicicleta, jantar ou viagem com acompanhante, por exemplo). Ainda mais comuns são as recompensas subjetivas, como ter a foto estampada nos editais da empresa, ter divulgação nos meios de comunicação interna, como intranet e jornal interno e até mesmo no *site* da organização.

O reconhecimento dos empregados, por meios formais ou informais, pode encontrar embasamento na teoria do reforço (explanada no Capítulo 2). Como explica Robbins (2005), para estimular a repetição de um comportamento que a organização considera positivo, ele deve ser recompensado com reconhecimento logo que ocorrer; assim, a pessoa buscará essa situação novamente. Por exemplo, ser elogiado por um bom atendimento prestado ao cliente tende a estimular a mesma ação para que novos elogios aconteçam. Dessa forma, o reconhecimento permite a repetição de um comportamento desejável e promove motivação.

Confira, a seguir, algumas dicas para implantar um programa de Empregado do Mês.

Pense sobre os objetivos do programa

É preciso ter objetivos específicos quando se cria um programa de Empregado do Mês. Isso ajuda a guiar os gestores e a definir os parâmetros para estabelecer o ganhador do prêmio.

O estabelecimento de metas concretas também vai evitar distorções a respeito de quem será beneficiado, evitando-se a ideia de que os protegidos ou os bajuladores sairão vencedores.

Pense que, se você tem muitos trabalhadores, apenas doze serão premiados a cada ano, o que poderá causar ressentimentos.

Defina parâmetros

Determine como você vai escolher o vencedor de cada mês com referência aos seus objetivos.

Se o seu objetivo é a construção de trabalho em equipe, considere fatores como contribuições interdepartamentais. Se o seu objetivo é aumentar a produtividade, defina níveis de desempenho, tais como um aumento da produção ou das vendas. Se o objetivo é o atendimento ao cliente, permita que os clientes avaliem o atendimento. Assim, a avaliação será justa e todos terão a mesma chance de ganhar.

Conceda um prêmio significativo

Considere tornar o reconhecimento público (como o uso de placas ou jornais), contudo utilize uma recompensa individual. Recompensas podem incluir, por exemplo, um dia de folga, espaço de estacionamento reservado para um mês ou um cartão de presente.

Comunique o programa

Comunicar claramente todos os aspectos do programa e todas as regras de premiação ajudará a dissipar dúvidas e motivará os empregados. No decorrer do processo, colete *feedbacks* sobre o projeto para a própria equipe de trabalho.

Fonte: Elaborado com base em Finslab.com, 2014.

3.4
Programas de envolvimento dos empregados

Como você se sente quando é o último a saber das coisas? Se descobrisse que sua esposa ou esposo, seu pai ou sua mãe tomaram uma decisão com grande impacto na sua vida sem consultá-lo, como se sentiria? Arrisco dizer que você não iria gostar muito. Agora, vamos transpor esse exemplo para o contexto organizacional. Como você se sentiria se o seu chefe tomasse uma decisão com grande impacto no seu trabalho sem consultá-lo? Também não é muito agradável, não é?

Por muito tempo, acreditou-se que os gestores é que deveriam tomar as decisões e que os demais empregados deveriam apenas executar as ordens. Podemos concordar que esse sistema funcionou e ainda funciona em algumas organizações. Mas qual é a consequência? Pessoas não engajadas, desmotivadas, descomprometidas e sem conhecimento do processo como um todo.

Envolver os empregados significa permitir que eles participem da construção das políticas da empresa e das decisões importantes, principalmente daquelas que têm impacto direto no seu trabalho. Robbins (2005) explica que o envolvimento dos empregados ocorre por meio de um processo participativo, no qual são utilizadas as capacidades dos trabalhadores a fim de estimular o comprometimento com o sucesso da organização. Quando podem participar, as pessoas se sentem mais envolvidas, com mais autonomia e se tornam mais motivadas, comprometidas, produtivas e mais satisfeitas com o trabalho, o que também favorece a redução dos índices de rotatividade.

Existe uma grande variedade de técnicas que fazem parte do que podemos chamar de *programas de envolvimento dos empregados*, como alguns modelos de autogestão ou gestão participativa, delegação de poderes, autonomia e participação acionária, por exemplo. Vamos entender melhor alguns deles no Quadro 3.2.

Quadro 3.2 – Programas de envolvimento dos empregados

Gestão participativa	A gestão participativa é um modelo de gestão que enfatiza as pessoas como parte da organização. Nesse modelo, o processo decisório é coletivo, porém com ressalvas. Não são todas as pessoas ou todos os setores que devem participar de todas as decisões. É preciso delimitar quem irá participar de determinada decisão, tendo em vista o assunto debatido, se é de interesse daquele empregado e se ele tem capacitação para participar da discussão. Convidar as pessoas envolvidas para participar das decisões apresenta inúmeras vantagens. A pessoa que trabalha diretamente com determinada tarefa é a principal conhecedora do processo, portanto tem mais conhecimento específico e seu ponto de vista pode contribuir para as decisões. Além da contribuição, o trabalhador que participa das decisões se sente mais comprometido com a consequência e o resultado da decisão, o que torna o trabalho mais interessante e gratificante.
Autogestão	Os grupos que trabalham com autogestão, também conhecidos como *grupos autônomos*, podem solucionar problemas, implementar soluções e assumir total responsabilidade pelos seus resultados. São grupos de empregados que realizam trabalhos muito relacionados ou interdependentes e assumem muitas responsabilidades que antes eram de seus antigos supervisores. A autogestão inclui planejamento e cronograma de trabalho, delegação de tarefas aos membros, controle coletivo sobre o ritmo do trabalho, tomada de decisões operacionais e implementação de ações para solucionar problemas. As equipes de trabalho são totalmente autogerenciadas, escolhem seus membros e avaliam o desempenho uns dos outros. Consequentemente, as posições de supervisão perdem a sua importância e até podem ser eliminadas.

(continua)

(Quadro 3.2 – conclusão)

Círculos de qualidade	Os círculos de qualidade configuram-se como um grupo de trabalho formado por empregados de diversos cargos e setores, os quais passam a assumir uma responsabilidade conjunta. Esse grupo se reúne com determinada frequência a fim de discutir algum problema específico, investigar suas causas, recomendar soluções e tomar ações corretivas. Nem sempre esses grupos têm autonomia de decisão e execução, mas relatam suas análises para que decisões sejam tomadas em outras instâncias.
Planos de participação acionária	Os planos de participação acionária têm sido vinculados ao pacote de benefícios das empresas. Por meio desse benefício, o empregado compra ações da empresa por preços abaixo do mercado e passa a ser dono também. Esse senso de copropriedade aumenta o comprometimento, incentiva comportamentos proativos e estimula os esforços coletivos, melhorando, assim, a satisfação e o desempenho dos empregados.

Fonte: Elaborado com base em Robbins, 2005.

Os programas de envolvimento dos empregados encontram embasamento em diversas teorias da motivação detalhadas no Capítulo 2, como a teoria X e a teoria Y, a teoria dos dois fatores e a teoria ERG. Para Robbins (2005), os programas de envolvimento dos empregados, de maneira geral, oferecem motivação intrínseca. Essa motivação intrínseca é favorecida por conta do aumento das oportunidades de crescimento da pessoa na empresa, pelo aumento da responsabilidade e pela participação na tomada de decisão. Essas possibilidades favorecem a valorização e o reconhecimento, fazendo com que a pessoa se sinta mais realizada e com mais autoestima. Tamayo e Paschoal (2003) esclarecem que os trabalhadores buscam ser respeitados e esperam encontrar na organização oportunidades para satisfazer suas necessidades e atingir seus objetivos e expectativas. Ou seja, o interesse básico do indivíduo não é aumentar o lucro da empresa, mas satisfazer necessidades pessoais. Assim, entre o trabalhador e a organização existe uma relação que é fundamental para a obtenção dos objetivos das duas partes, e o equilíbrio dessa relação trará consequências positivas. Entre as consequências positivas para a organização, os autores citam o aumento quantitativo e qualitativo de trabalho executado. Por parte do empregado, os benefícios são o aumento do nível de realização pessoal, de satisfação, de bem-estar e de autoestima. Desse modo, é fundamental que a organização envolva seus empregados para se manter competitiva.

Participação acionária

A participação acionária de empregados na empresa, embora prevista na legislação brasileira desde o advento da Lei n. 6.404/1976 (Lei das Sociedades Anônimas), somente começou a ser implantada pelas empresas na década de 1990.

Diversas são as formas de participação acionária de empregados, objetivando atrair e, principalmente, reter profissionais de talento. Com efeito, o exercício pelos empregados da opção de compra de ações (sejam da própria empresa brasileira empregadora, sejam das empresas estrangeiras controladoras) negociáveis no mercado de capitais pode resultar em consideráveis lucros, caso as ações venham a se valorizar durante o período de carência estabelecido no plano. E é exatamente esse período de carência que faz com que os empregados, principalmente aqueles que ocupam os altos escalões nas empresas, desejem continuar em seus postos de trabalho, não se deixando seduzir por ofertas de emprego e oportunidades da concorrência.

Inicialmente, as empresas brasileiras, ao implantarem os planos de opção de compra de ações, tiveram como principal alvo os grandes executivos, que são rotineiramente disputados no mercado de trabalho. Oferecer a esses importantes empregados a possibilidade de um considerável rendimento (negociação de ações em mercado de capitais), em troca de permanência na empresa por um determinado prazo, faz com que esses empregados se empenhem para que a empresa seja valorizada no mercado de capitais.

A experiência de outros países no que se refere à participação acionária de empregados é vasta e relevante. Em decorrência do fenômeno da globalização, diversas empresas multinacionais passaram a adotar planos que permitem que seus empregados adquiram e, posteriormente, negociem no mercado de capitais ações de seus empregadores.

Vale frisar que as verbas recebidas por empregados, por meio da participação acionária, não devem ser consideradas parte da remuneração e, portanto, não devem ser incluídas na base de cálculo para fins de pagamento de décimo terceiro salário, abono de férias, depósitos referentes ao FGTS, contribuição previdenciária etc.

Fonte: Elaborado com base em Carvalho, 2001.

3.5
Planejamento do trabalho

Rotina, atividades repetitivas, mesmice, fazer todos os dias a mesma coisa durante toda a vida. Quem aguenta uma situação dessas? Como é possível se manter motivado sem variação e sem novidade? A forma como o trabalho é planejado, dividido e organizado pode favorecer uma situação de apatia e desmotivação ou gerar um ambiente estimulante e motivador. Permitir que o trabalhador tenha variedade de tarefas estimula o aprendizado, a autonomia e a motivação, como resultado do desafio constante.

Para que essa variedade de tarefas seja oferecida ao trabalhador, é necessário que as organizações façam um replanejamento do trabalho de forma produtiva. Como sugestões de replanejamento, podem-se encontrar na literatura o rodízio de tarefas, o desenho e o enriquecimento de cargos, práticas que serão detalhadas a seguir.

3.5.1
Rodízio de tarefas

Também conhecido como *job rotation*, o rodízio de tarefas permite a alocação do empregado em outra atividade, transferindo-o para uma tarefa diferente, porém com o mesmo nível de exigência ou requisitos similares em termos de habilidades. O ideal é que essa transferência ocorra quando a atual atividade deixar de ser desafiadora. Com isso, é possível combater a rotina, reduzir o tédio e aumentar a motivação com a diversificação das atividades. Assim, o rodízio de tarefas apresenta benefícios para a organização.

Contudo, é preciso ter cuidado, pois o rodízio de tarefas pode apresentar desvantagens, como aumento de custos com treinamento, queda de produtividade por conta dos períodos de ajustamento à nova tarefa e quebra de vínculos pessoais por constantes mudanças de atividade.

O processo de rodízio de tarefas tem sido bastante comum nos programas de *trainee*, nos quais o empregado *trainee* tem um período determinado para passar pelos diferentes setores da empresa, de forma a conhecer todo o processo. Confira, a seguir, a divulgação do programa de *trainee* 2014 da Volkswagen:

Bem-vindo ao Programa de Trainee 2014
"Se você tem paixão por carros, aqui é seu lugar."

Em sua quarta edição, o programa oferece 20 vagas, nas diversas áreas da empresa, como Desenvolvimento do Produto, Planejamento do Produto, Operações (Manufatura), Qualidade Assegurada, Compras, Finanças & Estratégia Corporativa, Recursos Humanos e Vendas & Marketing.

Objetivo do programa:
Desenvolver jovens profissionais de alta performance por meio de diversas ações, treinamentos e projetos, renovando e ampliando o número de colaboradores qualificados na empresa.

O que o programa oferece:
- Programa de Desenvolvimento Estruturado com foco em competências;
- Treinamento em Gestão de Projetos;
- *Job Rotation*;
- Visitas às outras unidades da empresa no Brasil;
- Avaliações semestrais;
- *Coaching*;
- Desenvolvimento de Projetos Aplicativos em grupo e individual;
- Bate-papo com o Presidente e com o Vice-Presidente;
- Visita ao Salão do Automóvel;
- Remuneração e benefícios competitivos.

Job Rotation

O Programa de Trainee proporciona *job rotation* em várias áreas, tem duração de 18 meses; com início marcado para 13 de janeiro de 2014. As vagas estão distribuídas entre as unidades de São Bernardo do Campo (SP), São Carlos (SP), Taubaté (SP), Vinhedo (SP) e São José dos Pinhais (PR).

Fonte: Volkswagen, 2014a, 2014b.

3.5.2
Desenho de cargos

Chiavenato (2010) explica que o desenho de cargos pode ser uma das fontes de motivação para os trabalhadores. Para o autor, o cargo é uma composição de todas as atividades desempenhadas por uma pessoa, consiste em um conjunto de deveres e responsabilidades e figura em certa posição formal no organograma da empresa. A posição do cargo no organograma define o seu nível hierárquico, a subordinação, os subordinados, os pares de trabalho e o departamento em que está localizado. Desenhar um cargo significa definir quatro condições básicas:

- o conjunto de tarefas ou atribuições que o ocupante deve desempenhar;
- como as tarefas ou atribuições devem ser desempenhadas;
- a quem o ocupante do cargo deve se reportar e quem é o seu superior imediato;
- quem o ocupante do cargo deve supervisionar ou dirigir, quem são seus subordinados.

O modelo de desenho de cargos mais aceito atualmente é o modelo contingencial, o qual considera três variáveis no processo de desenho de cargos: as pessoas, a tarefa e a estrutura da organização. Chiavenato (2010) explica que esse modelo considera o desenho de cargos de forma dinâmica, com base na visão de contínua mudança e revisão do cargo, a qual deve ser feita pelo próprio ocupante do cargo em conjunto com o seu gestor. No modelo contingencial, essa constante mudança é decorrente do desenvolvimento pessoal do ocupante e do desenvolvimento tecnológico da tarefa e faz-se necessária para que a organização alcance altos níveis de desempenho. O modelo contingencial se baseia em cinco dimensões essenciais que todo cargo deve ter, em maior ou menor grau, a fim de permitir que ele seja um verdadeiro fator motivacional. As dimensões podem ser observadas no Quadro 3.3.

Quadro 3.3 – Dimensões essenciais de cada cargo no modelo contingencial

Dimensão	Característica
Variedade	Refere-se ao número e à variedade de habilidades exigidas pelo cargo. Quanto mais variedade de uso de habilidades e conhecimentos um cargo tiver, maior a possibilidade de eliminar a rotina, a chatice e a monotonia, tornando o trabalho mais desafiador.
Autonomia	Refere-se ao grau de independência e de critério pessoal que o ocupante do cargo tem para planejar e executar o seu trabalho. Quanto mais autonomia for percebida pelo ocupante do cargo, maior será a sua motivação.
Significado das tarefas	Refere-se ao conhecimento do impacto que o cargo provoca em outras pessoas ou na atividade organizacional. É a noção da interdependência do cargo com os outros cargos da organização e da contribuição do trabalho na atividade geral do departamento ou da organização como um todo. A compreensão do significado da tarefa tende a engajar o ocupante do cargo na sua tarefa e com a organização.
Identidade com a tarefa	A identidade com a tarefa se relaciona com a possibilidade de a pessoa efetuar um trabalho inteiro, de modo que possa identificar os resultados de seus esforços. O ocupante identifica-se com a tarefa na medida em que a executa integralmente, conhecendo o produto final de sua atividade, o que lhe dá uma noção da totalidade, extensão e objetivo a alcançar.
Retroação	Refere-se ao grau de informação de retorno que o ocupante recebe para avaliar a eficiência de seus esforços na produção de resultados. Por meio da retroação, o ocupante do cargo passa a ter parâmetros acerca do seu trabalho, o que lhe confere segurança.

Fonte: Elaborado com base em Chiavenato, 2010.

Chiavenato (2010) esclarece que, se essas cinco dimensões forem trabalhadas em alto grau, poderão criar condições para a satisfação intrínseca como resultado do cumprimento da tarefa que o ocupante realiza. Dessa forma, o cargo será um fator motivacional, vai produzir satisfação pessoal e envolvimento humano, além de gerar maior produtividade, permitindo que a pessoa utilize várias de suas habilidade e competências pessoais na execução das tarefas; tenha certa autonomia, independência e autodireção na execução das tarefas; faça algo significativo e que tenha certo sentido ou razão de ser; sinta-se pessoalmente responsável pelo sucesso ou fracasso das tarefas em função dos seus próprios esforços; perceba e avalie o seu próprio desempenho enquanto executa o trabalho, sem intervenção de terceiros ou da chefia.

Figura 3.3 – As cinco dimensões essenciais no modelo contingencial

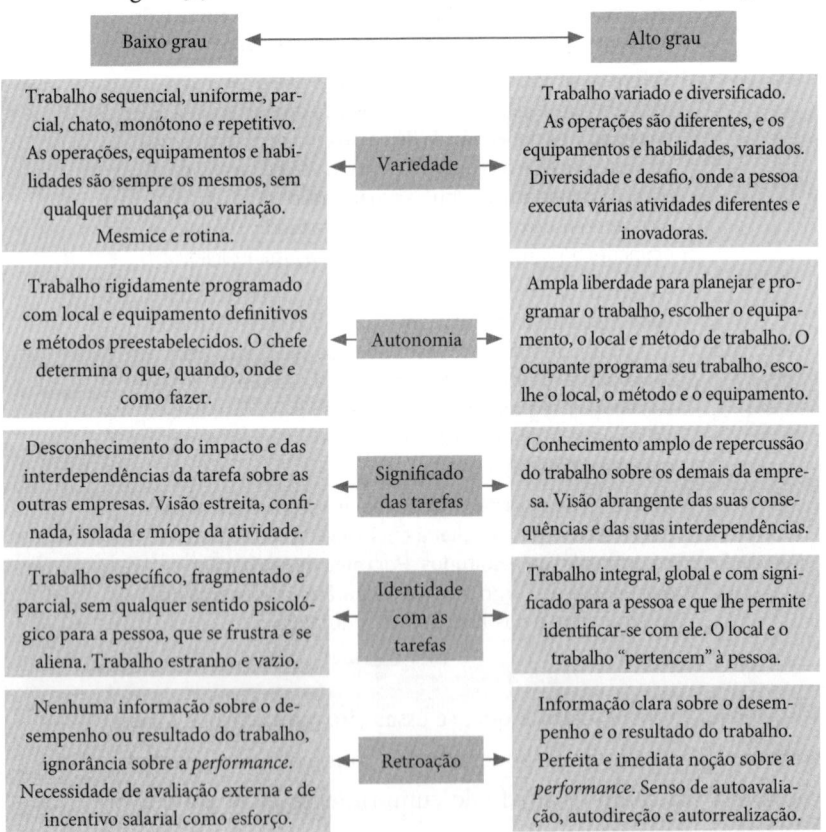

Baixo grau		Alto grau
Trabalho sequencial, uniforme, parcial, chato, monótono e repetitivo. As operações, equipamentos e habilidades são sempre os mesmos, sem qualquer mudança ou variação. Mesmice e rotina.	Variedade	Trabalho variado e diversificado. As operações são diferentes, e os equipamentos e habilidades, variados. Diversidade e desafio, onde a pessoa executa várias atividades diferentes e inovadoras.
Trabalho rigidamente programado com local e equipamento definitivos e métodos preestabelecidos. O chefe determina o que, quando, onde e como fazer.	Autonomia	Ampla liberdade para planejar e programar o trabalho, escolher o equipamento, o local e método de trabalho. O ocupante programa seu trabalho, escolhe o local, o método e o equipamento.
Desconhecimento do impacto e das interdependências da tarefa sobre as outras empresas. Visão estreita, confinada, isolada e míope da atividade.	Significado das tarefas	Conhecimento amplo de repercussão do trabalho sobre os demais da empresa. Visão abrangente das suas consequências e das suas interdependências.
Trabalho específico, fragmentado e parcial, sem qualquer sentido psicológico para a pessoa, que se frustra e se aliena. Trabalho estranho e vazio.	Identidade com as tarefas	Trabalho integral, global e com significado para a pessoa e que lhe permite identificar-se com ele. O local e o trabalho "pertencem" à pessoa.
Nenhuma informação sobre o desempenho ou resultado do trabalho, ignorância sobre a *performance*. Necessidade de avaliação externa e de incentivo salarial como esforço.	Retroação	Informação clara sobre o desempenho e o resultado do trabalho. Perfeita e imediata noção sobre a *performance*. Senso de autoavaliação, autodireção e autorrealização.

Fonte: Chiavenato, 2010, p. 209.

Ao manter as cinco dimensões essenciais em alto grau, é possível criar no ocupante do cargo três estados psicológicos, explicados por Chiavenato (2010):

- **Percepção do significado do trabalho:** é o grau em que o ocupante sente que seu trabalho é importante, valioso e que contribui para a organização.
- **Percepção da responsabilidade pelos resultados do trabalho:** é o grau em que o ocupante se sente pessoalmente responsável pelo trabalho e entende que os resultados do trabalho dependem dele.
- **Conhecimento dos resultados do trabalho:** é o grau em que o ocupante toma conhecimento do seu trabalho e autoavalia o seu desempenho.

Mantendo-se as cinco dimensões em alto grau e os estados psicológicos citados, obtêm-se como consequências: elevada motivação para o trabalho, elevada qualidade no desempenho do trabalho, alta satisfação com o trabalho e baixos índices de absenteísmo e de rotatividade. No Quadro 3.4, há algumas sugestões de como colocar em prática as cinco dimensões essenciais e os três estados psicológicos.

Quadro 3.4 – Aplicação prática das cinco dimensões essenciais e dos três estados psicológicos

Ação	Detalhamento
Tarefas combinadas	Para aumentar a variedade e a identidade com a tarefa, deve-se combinar e juntar várias atividades agregadas em uma só tarefa.
Formação de unidades naturais de trabalho	A unidade natural de trabalho é o conjunto de partes funcionalmente especializadas que formam um processo, o qual permite uma noção integral do trabalho. A formação de unidades naturais de trabalho consiste em identificar diferentes tarefas, agrupá-las em módulos significativos e atribuí-las a uma só pessoa. Isso produz significado e identidade com a tarefa, proporcionando no ocupante do cargo um sentimento de propriedade em relação ao que faz.

(continua)

(Quadro 3.4 – conclusão)

Ação	Detalhamento
Relação direta com o cliente ou usuário	A ideia é dar a cada cargo um cliente (saída) e um fornecedor (entrada). O cliente pode ser interno ou externo. Consiste em estabelecer relação direta entre o ocupante do cargo e os vários usuários internos ou clientes externos do seu serviço em uma ponta e com os seus fornecedores na outra. Tratar com o cliente aumenta a variedade, pois os assuntos são encaminhados diretamente ao ocupante. Isso envolve maiores responsabilidade e autonomia, bem como favorece a retroação por meio do cliente ou usuário.
Enriquecimento vertical	Consiste no enriquecimento vertical do cargo com a adição de tarefas mais elevadas ou atividades gerenciais. O ocupante recebe mais autoridade, responsabilidade e critério para planejar, organizar e controlar o próprio trabalho. A autonomia é acrescentada quando o ocupante passa a estabelecer objetivos de desempenho, com liberdade suficiente para resolver sozinho seus problemas e tomar decisões sobre como e quando executar tarefas (o enriquecimento de cargos será detalhado na seção 3.5.3).
Abertura de canais de retroação	A tarefa pode proporcionar informação direta ao ocupante, sem que dependa da avaliação do seu desempenho por parte do gerente ou de terceiros. A abertura de canais de retroação atribui ao ocupante o controle do seu desempenho, criando uma tarefa total e completa, com conhecimento pleno dos resultados. Isso aumenta a realimentação por meio do próprio cargo e faz fluir a retroação diretamente entre os usuários e os fornecedores, sem a inclusão de gerentes ou de pessoal de *staff*.
Criação de grupos autônomos	Consiste em transferir trabalhos individuais para grupos interativos ou equipes de trabalho. A dinâmica que ocorre dentro dos grupos proporciona maior satisfação, pois o trabalho se torna uma atividade social e o grupo influencia o comportamento individual, criando soluções de trabalho com maior eficácia do que isoladamente. O ideal na criação de grupos autônomos é atribuir uma tarefa completa e total com autonomia para o grupo decidir sobre sua execução. A interação grupal proporciona recursos sociais capazes de estimular a motivação, o desempenho no trabalho e a produtividade.

Fonte: Elaborado com base em Chiavenato, 2010.

3.5.3
Enriquecimento de cargos

De acordo com Chiavenato (2010), o enriquecimento de cargos compreende que o cargo deve se adaptar ao desenvolvimento do seu ocupante; para tanto, é necessário que o trabalho seja reorganizado e ampliado gradativamente, favorecendo o sentimento de satisfação. Esse enriquecimento pode ser vertical ou horizontal, e suas principais diferenças são:

- **Vertical**: com adição de novas responsabilidades mais elevadas, tarefas mais complexas, aumentando-se o grau de controle, de planejamento, de execução e de avaliação que o empregado tem sobre o seu trabalho, realizando atividades por completo. Aumenta a liberdade e a independência e amplia a responsabilidade.
- **Horizontal**: com adição de responsabilidades do mesmo nível, com mesmo grau de complexidade, de forma a aumentar a diversidade.

Figura 3.4 – Enriquecimento de cargos

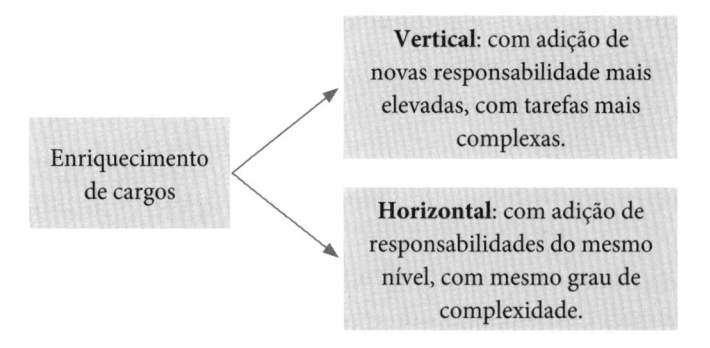

Enriquecimento de cargos
- **Vertical**: com adição de novas responsabilidade mais elevadas, com tarefas mais complexas.
- **Horizontal**: com adição de responsabilidades do mesmo nível, com mesmo grau de complexidade.

Fonte: Elaborado com base em Chiavenato, 2010.

Segundo Chiavenato (2010), diversas são as vantagens do processo de enriquecimento de cargos. Entre elas, podemos identificar:

- melhoria do relacionamento entre as pessoas e o trabalho;
- melhoria da qualidade de vida dos trabalhadores;
- melhoria das condições de trabalho;
- redução das taxas de rotatividade e de absenteísmo;
- reeducação da gerência e da chefia;
- descentralização da gestão de pessoas;
- delegação de responsabilidades;
- aumento de oportunidade de participação;
- aumento da motivação e satisfação no trabalho;
- desempenho de alta qualidade no trabalho.

3.6 Flexibilidade do trabalho

Para combater a rotina e a desmotivação, Robbins (2005) sugere que o trabalho seja flexibilizado, oferecendo mais autonomia e liberdade para que os trabalhadores conciliem vida pessoal e profissional, evitando conflitos e favorecendo a motivação. Entre as recomendações para a flexibilidade do trabalho, podemos considerar o horário flexível e a telecomutação.

3.6.1 Horário flexível

O horário flexível permite que o trabalhador escolha a maneira como vai cumprir a jornada de trabalho, proporcionando maleabilidade de horário e autonomia para decidir acerca de seus horários de chegada e de partida. É claro que cada empregado tem determinada quantidade de horas a trabalhar durante a semana; porém, dessa forma, fica livre para distribuir seu horário de acordo com certos limites (Robbins, 2005).

Um caminho para operacionalizar essa proposta é estabelecer um núcleo comum com horas flexíveis nas extremidades. No horário de núcleo comum, todos os empregados devem estar na empresa para garantir que as reuniões e outros processos interdependentes aconteçam. Contudo, nas horas flexíveis das extremidades, cada um pode cumprir seu horário da maneira que lhe convier.

Por exemplo, uma empresa pode ficar aberta das 7 horas até as 19 horas. Como núcleo comum, pode estabelecer o horário das 10 horas até as 15 horas. Dessa forma, os períodos de 7 às 10 horas e das 15 às 19 horas seriam as extremidades flexíveis. Nesse exemplo, é possível ter um empregado "A" fazendo o seu expediente das 7 às 16 horas e o empregado "B" trabalhando das 10 às 19 horas. Outra forma de trabalhar com horários flexíveis é utilizar banco de horas, o que tem se tornado bastante comum.

Existem duas ressalvas para o horário flexível. Em primeiro lugar, a organização deve ficar atenta à legislação trabalhista, aos acordos sindicais e às convenções de trabalho, a fim de evitar problemas jurídicos com esse formato de organização do trabalho. A outra questão é analisar quais são os cargos que podem atuar com flexibilidade. Por exemplo, os cargos administrativos tendem a ter maior possibilidade de flexibilidade de horário por realizarem um trabalho em escritório. Já os cargos de atendimento, como balconista e recepcionista, por exemplo, talvez não tenham essa opção de flexibilidade, uma vez que é necessária a presença do empregado para realizar o trabalho no horário em que é determinado.

Entre os benefícios gerados pela flexibilidade de horário, Robbins (2005) aponta:

- redução do absenteísmo;
- aumento da produtividade;
- redução de gastos com horas extras;

- diminuição de hostilidade em relação à chefia;
- redução dos congestionamentos de trânsito nos locais de trabalho;
- eliminação da falta de pontualidade;
- aumento da autonomia e da responsabilidade dos empregados;
- aumento da satisfação;
- possibilidade de o empregado conciliar de forma mais saudável a vida profissional e a pessoal.

Oito empresas com horário flexível para os funcionários

Na Avon, a flexibilidade de horário fica por conta da chamada *short friday*. De segunda-feira a quinta-feira, os funcionários trabalham um pouco a mais para sair mais cedo na sexta-feira. No inverno, antecipam o fim do expediente em uma hora; no verão, em duas. Segundo Alessandra Ginante, vice-presidente de Recursos Humanos da empresa, essa é uma das formas de estimular os funcionários. "É uma forma de flexibilizar condutas sem perder desempenho e produtividade", diz. Todos os funcionários administrativos e gerenciais podem aderir à prática.

Ao funcionário da Avaya, basta cumprir suas oito horas diárias – não importa a que horas entrem ou saiam da empresa. "Às vezes, as pessoas levam um tempo para se acostumar com a disciplina necessária para flexibilizar seu horário", conta Laura Lafayette, diretora de Recursos Humanos da Avaya Brasil. No entanto, às 20 horas, todas as luzes se apagam – ir embora da empresa passa a ser uma obrigação. "É justamente para evitar que as pessoas fiquem aqui até tarde", diz.

Na Unilever, a flexibilidade de horários é total. Basta um acordo entre equipe e gerência para que a política vire prática dentro dos times. Todos os funcionários, a partir do nível de coordenação, são elegíveis – analistas, estagiários, entre outros, ficam de fora. "Nós adotamos uma dinâmica mista, para que aquilo faça sentido dentro da dinâmica de cada grupo de trabalho", diz Lucyane Rezende, diretora de Recursos Humanos da empresa. Atualmente, a adesão é de 30%, a começar pelo nível de gerência.

Com o objetivo de tornar o ambiente de trabalho mais dinâmico e produtivo, a Bacardi Brasil deixou o gerenciamento de atividades nas mãos do funcionário – contanto que cada um cumpra oito horas diárias.

A entrada pode acontecer entre 7 e 11 horas – a saída entre 16 e 20 horas. "Isso possibilita adequações ao horário de rodízio, preferências pessoais e a conciliação com compromissos pessoais", diz Raquel Alvarenga, diretora de Recursos Humanos da Bacardi PUB – Paraguai, Uruguai e Brasil. Gerentes, diretores, funcionários de áreas administrativas e técnicos de segurança são elegíveis ao período flexível – atualmente, são 158 adeptos. "O colaborador deve apenas manter o seu gestor previamente alinhado sobre o horário de entrada e saída", diz Raquel.

As possibilidades de flexibilidade são muitas para os funcionários da Bosch no Brasil, situada em Campinas. Segundo Gustavo Ciciline, gerente de Recursos Humanos, são quatro práticas disponíveis: a jornada flexível, os turnos administrativos, começando a cada duas horas, a jornada parcial e o trabalho totalmente remoto. "Como a implantação desse projeto começou em janeiro, temos apenas 5% do nosso público interno aderido às práticas de flexibilidade", diz. "Nossa legislação não permite muita flexibilidade na jornada de trabalho para muitas posições."

Na Unysis, a política de flexibilidade de horários ainda não está formalizada, mas é constantemente utilizada por aqueles que não têm controle de jornada – aproximadamente 15% da força de trabalho. Adriana Albuquerque, diretora de Recursos Humanos da Unisys Brasil, concorda que suas limitações estão na legislação trabalhista, uma vez que a empresa já tem uma larga cultura de flexibilidade pelo mundo. "Quem reporta para fora do país, por exemplo, tem o horário totalmente adaptável", diz. "Para quem trabalha com fuso horário, a flexibilidade é uma demanda muito grande."

Uma mudança de escritório para a região de Barueri potencializou a necessidade da Softtek em flexibilizar suas jornadas de trabalho. Letícia Cupertino, diretora de Recursos Humanos da empresa, explica que o funcionário deve estar na empresa no horário núcleo das 10 às 16 horas. As outras duas horas podem ser adicionadas antes ou depois, a gosto do freguês. A Softtek, que tem 55% da sua força de trabalho composta por Geração Y, já vê a importância da qualidade de vida no cotidiano. "O mercado vem se transformando muito com as demandas dos jovens, e observá-los é um compromisso cada vez mais forte para nós", diz.

Há três anos, a 3M implantou a sua política de flexibilidade para uma parte de seus funcionários – 2.500 são da manufatura e não são elegíveis ao programa. É preciso cumprir oito horas diárias e estar presente no horário núcleo entre 10 e 15 horas. Outras compensações podem ser negociadas, desde que não haja saldo de horas no final. "Não pretendemos criar um sistema de banco de horas paralelo, que esteja fora do acordo com o sindicato", diz José Fernando do Valle, diretor de Recursos

> Humanos da 3M. A ideia foi agregar qualidade de vida ao cotidiano de seus funcionários. "Quando começamos a cuidar do bem-estar dos funcionários, o horário flexível virou necessidade natural", diz Valle.

Fonte: Adaptado de Ladeia, 2013.

3.6.2 Telecomutação

Também conhecida como *homework*, na telecomutação não há deslocamento físico para o trabalho, ou seja, o empregado trabalha onde quiser, em casa ou em qualquer outro lugar. Nesse caso, é preciso que a pessoa tenha um computador e fique conectada ao sistema da empresa. Isso pode acontecer apenas alguns dias da semana ou de forma permanente.

É evidente que nem todos os cargos podem aderir a essa forma de trabalho. Em geral, esse formato é possível para aquelas pessoas que trabalham com "tarefas de tratamento rotineiro de informações, atividades móveis e tarefas altamente especializadas ou relacionadas com o conhecimento, [como] escritores, advogados, analistas e [...] [outros] que passam a maior parte do tempo ao computador ou ao telefone" (Robbins, 2002, p. 171, citado por Santos, 2013).

Esse formato de trabalho é altamente flexível. O trabalhador tem flexibilidade de horário, liberdade para se vestir como quiser, não sofre interrupções de colegas de trabalho e não tem de enfrentar congestionamentos para chegar ao trabalho. Dessa forma, é possível que tenha resultados positivos, como aumento de produtividade, melhoria da saúde e da qualidade de vida e redução de gastos com instalações físicas. Porém, é preciso ficar atento às desvantagens, principalmente pela ausência de supervisão direta do empregado e pelo sentimento de isolamento.

Tanto o replanejamento do trabalho abordado na Seção 3.5 quanto a flexibilidade do trabalho aqui discutida podem ser relacionados com a teoria dos dois fatores, de Herzberg, e com a teoria das expectativas, detalhadas no Capítulo 2. O planejamento do trabalho gera realização por conta do aumento da responsabilidade e do crescimento. A flexibilidade permite equilíbrio entre vida pessoal e profissional. Assim, as consequências são maior motivação e satisfação com o trabalho.

3.7 Programas de remuneração variável

É bastante comum nos depararmos com pessoas que dizem "Eu não vou fazer nada a mais no meu trabalho, eu não ganho para isso...". Podemos não concordar com essa frase, mas temos de admitir que esse pensamento existe e é mais comum do que deveria. A questão é que por detrás disso temos uma realidade. As pessoas, em geral, não se sentem incentivadas a fazer mais do que o necessário pois simplesmente não recebem nada a mais por isso. Essa postura é fruto do sistema tradicional de remuneração, no qual as pessoas recebem pelo tempo de trabalho ou pelo cargo exercido.

Então, vamos partir da ideia de que atrelar a remuneração ao desempenho faz com que as pessoas coloquem mais entusiasmo no seu trabalho. Porém, como cada trabalhador apresenta um desempenho diferente, a consequência será que cada empregado terá uma remuneração diferente; surge, então, o conceito de remuneração variável.

Na remuneração variável, as quantias recebidas flutuam de acordo com o desempenho do trabalhador; assim, a remuneração passa a ser vista como o reconhecimento de uma contribuição e não apenas como um direito adquirido. Dessa forma, a remuneração atua como um fator motivacional e é proporcional ao esforço realizado pelo trabalhador.

Segundo Robbins (2005), os programas de remuneração variável podem acontecer de diversas formas, sendo as mais comuns: remuneração por unidade produzida, participação nos lucros e participação nos resultados. Essas estratégias estão apresentadas no Quadro 3.5.

Quadro 3.5 – Formas de remuneração variável

Remuneração por unidade produzida	São populares na área de produção. Nesse caso, o funcionário recebe uma soma fixa para cada unidade de produção completada. O valor pode ser por unidade ou por montante de unidade previamente combinado. Por exemplo, além do salário fixo, para cada unidade produzida, o empregado ganhará um valor "x" a mais ou, para cada cento de unidades produzidas, receberá um montante a mais. Dessa forma, o trabalhador tende a se empenhar para aumentar a produtividade, já que ganhará por isso.
Participação nos lucros	Distribui parte da lucratividade da empresa para os trabalhadores, com base em um cálculo com fórmula preestabelecida. Comumente, esse pagamento ocorre de forma anual e pode ser feito em dinheiro ou em ações da organização.
Participação nos resultados	Essa forma de remuneração é relacionada ao desempenho no que se refere ao ato de atingir metas e resultados estabelecidos em determinado período de tempo. Segundo Chiavenato (2010), a participação nos resultados significa uma porcentagem ou fatia de valor com que cada pessoa participa dos resultados da empresa ou do departamento que ajudou a atingir por meio de seu trabalho pessoal ou em equipe. A principal diferença entre a participação nos lucros e a participação nos resultados é que na primeira se divide o lucro e, na segunda, ganha-se em cima da produtividade.

Fonte: Elaborado com base em Robbins, 2005; Chiavenato, 2010.

De acordo com Robbins (2005), os programas de remuneração variável conseguem aumentar a motivação e a produtividade do trabalhador, além de aumentar a lucratividade da empresa e permitir um ajuste do tipo "se a empresa ganhar, o empregado também ganha; se a empresa não ganhar, o empregado também não ganha", o que oferece melhor equilíbrio financeiro para a organização. Como ponto negativo, há que se ressaltar que alguns trabalhadores expressam descontentamento pela imprevisibilidade desse ganho e, assim, a organização deve atentar às questões legais. Não basta apenas querer ter um plano de remuneração variável, pois é preciso respeitar a legislação pertinente e os sindicatos.

Robbins (2005) esclarece que os programas de remuneração variável podem ser articulados à teoria da expectativa (apresentada no Capítulo 2), pois, para a motivação ser estimulada, as pessoas devem perceber claramente a ligação entre o seu desempenho e as recompensas recebidas. Para o autor, essas formas de incentivo estimulam os empregados a se comprometerem com as metas organizacionais, pois sabem que vão ganhar com isso.

> A participação nos lucros ou resultados (PLR), conhecida também por *programa de participação nos resultados* (PPR), está prevista na Consolidação das Leis do Trabalho (CLT) por meio da Lei n. 10.101, de 19 de dezembro de 2000 (Brasil, 2000). Ela funciona como um bônus que é ofertado pelo empregador e negociado com uma comissão de trabalhadores da empresa.
> A CLT não obriga o empregador a fornecer o benefício, mas propõe que ele seja utilizado. A PLR é definida por meio de acordo coletivo, realizado entre patrões e empregados.

> Art. 621. As Convenções e os Acordos poderão incluir entre suas cláusulas disposição sobre a constituição e funcionamento de comissões mistas de consulta e colaboração, no plano de empresa e sobre participação nos lucros. Essas disposições mencionarão a forma de constituição, o modo de funcionamento e as atribuições das comissões, assim como o plano de participação, quando for o caso (Brasil, 1943).

Mesmo que a participação nos resultados e a participação nos lucros e resultados estejam dentro de uma mesma cesta de estímulo à produtividade, para que não exista confusão entre uma e outra modalidade, esclarecemos que a Participação nos Resultados (PR) sempre se vincula a metas e objetivos concretos e não se relaciona com o lucro da empresa. Caso a empresa dê prejuízo, mas a meta prevista seja atingida, o empregado receberá a sua remuneração de acordo com o resultado alcançado. Quanto à Participação nos Lucros ou Resultados (PLR), poderão até existir metas definidas, mas é condição essencial ao pagamento que a empresa tenha lucro no período, porque o pagamento será retirado de parte desse lucro para distribuição aos empregados.

Os empregadores que distribuem participação nos lucros ou resultados aos seus funcionários deverão observar as alterações procedidas pela Lei n. 12.832, de 20 de junho de 2013 (Brasil, 2013). Sobre a incidência de Imposto de Renda Retido na Fonte (IRRF) sobre os pagamentos de PLR, a nova lei converte a Medida Provisória n. 597, de 26 de dezembro de 2012 (Brasil, 2012), que já havia instituído uma tabela progressiva especial de IRRF que isenta os pagamentos até R$ 6.000,00.

A princípio, a medida provisória somente tratava da tributação do IRRF sobre os ganhos relacionados ao PLR, mas, com a conversão em lei, optou o legislador ordinário por inserir novos preceitos, sem o cuidado devido e, pior, gerando novos percalços em tema já bastante complexo, demonstrando falta de sensibilidade quanto à transparência da lei – quanto à vigência por exemplo, entre outros aspectos jurídicos relevantes.

Enfim, a PLR baseia-se num tripé legislativo, ou seja, a Constituição Federal (art. 7º, inciso XI), tendo sido regulamentada pela Lei n. 10.101/2000, a qual foi objeto de alteração pela Lei n. 12.832/2013, sendo esta a legislação inerente à PR/PLR/PPR, além obviamente, da CLT.

3.8
Planos de remuneração por competências

Além da remuneração variável, uma alternativa ao sistema tradicional de remuneração com base no cargo é a remuneração por competências. Segundo Robbins (2005), na remuneração por competências, não é o cargo o fator determinante do salário: é a quantidade de habilidades ou a variedade de funções que um empregado é capaz de desempenhar que determina o seu salário. Para Chiavenato (2010), essa é uma forma de remuneração relacionada com o grau de informação e o nível de capacitação do trabalhador. Assim, o foco principal passa a ser a pessoa e não o cargo que ela ocupa.

No sistema de remuneração por competências, determinadas habilidades técnicas e/ou comportamentais dos empregados são premiadas; as pessoas ganham pelo que sabem e pela colaboração no sucesso da empresa. Dessa forma, a remuneração é personalizada para cada empregado, de acordo com sua competência pessoal. Isso permite que dois empregados que ocupam o mesmo cargo tenham ganhos diferentes, de acordo com as competências que apresentam (Chiavenato, 2010).

Para os dirigentes, esse tipo de remuneração é bastante interessante. Permite flexibilidade no provimento dos cargos, tendo em vista a procura e o estímulo por profissionais polivalentes. Também estimula os empregados a se desenvolverem, pois, quanto maior a variedade de competências demonstradas, maiores serão os ganhos. Para os empregados, a atratividade está na satisfação de poder ter aumento de rendimento de acordo com o desempenho.

Como pontos desfavoráveis, é preciso pensar em como manter a pessoa constantemente desafiada, pois, com o estímulo do desenvolvimento, o trabalhador pode chegar ao auge e depois cair em um marasmo sem ter mais chances de crescimento e aumento de remuneração. Outra questão se refere ao fato de que as habilidades podem se tornar obsoletas, não sendo mais de interesse da organização. Ao parar de ser remunerado por determinadas habilidades, o empregado pode se sentir frustrado. Ressaltamos, ainda, que a remuneração por competências também precisa cumprir as determinações legais, de forma a evitar que a empresa se prejudique com esse tipo de metodologia.

Para Robbins (2005), a remuneração por competências pode ser articulada com diversas teorias da motivação, principalmente com a teoria ERG (detalhada no Capítulo 2), pois estimula as pessoas para o aprendizado constante, o crescimento e a expansão de suas habilidades; nesse sentido, a possibilidade de crescer pode ser um agente de motivação. Outra articulação possível é com a teoria das necessidades de realização, tendo em vista que remunerar pessoas para que expandam seu leque de competências estimula a um desempenho melhor e mais eficiente; assim, aprender novas habilidades se torna desafiador. Por fim, podemos fazer uma relação com a teoria do reforço, uma vez que a remuneração por competências estimula os empregados a desenvolver comportamentos interessantes para a empresa e a reduzir aqueles considerados indesejáveis.

3.9
Benefícios flexíveis

A remuneração total de um trabalhador é composta por salário fixo, incentivos e benefícios. Os benefícios recompensam o trabalhador pelo seu trabalho e também visam gerar qualidade de vida. Então, podemos afirmar que os benefícios são algumas regalias concedidas pelas organizações a título de pagamento adicional ao salário. Existem diversas possibilidades de benefícios, como: assistência médica, assistência odontológica, seguro de vida, alimentação subsidiada, transporte subsidiado e planos de previdência.

O ideal é que cada organização defina o seu próprio plano de benefícios de forma a atender às necessidades de seus empregados. Tradicionalmente, os benefícios oferecidos por uma organização são compostos por elementos comuns a todos os funcionários. Contudo, esse formato não atende à necessidade atual da força de trabalho, que é extremamente diversificada e apresenta necessidades diferentes.

Para suprir essa rigidez de planos de benefícios tradicionais, surgiu a possibilidade de trabalhar com benefícios flexíveis. Robbins (2005) elucida que os benefícios flexíveis são planos que permitem aos empregados escolher entre diversos itens de um "cardápio" de opções de benefícios. A ideia é permitir que cada um escolha o seu pacote de acordo com as próprias necessidades, dentro das possibilidades disponibilizadas pela organização. Dessa forma, não haveria mais um pacote igual para todos os trabalhadores.

Por exemplo, o empregado "A" é casado, tem três filhos em idade escolar e já concluiu seu curso superior. Talvez suas principais necessidades em termos de benefícios estejam ligadas a um plano de saúde extensivo a dependentes e um sistema de descontos em escolas. Em contrapartida, o empregado "B" é solteiro, não tem filhos e está cursando o ensino superior. Provavelmente, entre as suas principais necessidades, em termos de benefícios, as melhores opções sejam bolsa de estudos, convênios com academias e escolas de idiomas, por exemplo. Perceba que o plano de benefícios flexíveis permite a personalização a fim de atender diferentes necessidades, conforme faixa etária, estado civil, benefícios do cônjuge, número e idade dos dependentes e assim por diante.

Quadro 3.6 – Vantagens e desvantagens dos benefícios flexíveis

Vantagens dos benefícios flexíveis	Desvantagens dos benefícios flexíveis
Os empregados escolhem o pacote que melhor satisfaça as suas necessidades pessoais.	Os empregados podem fazer escolhas inadequadas e se sentir "descobertos" para emergências.
Os benefícios flexíveis ajudam a empresa a adaptar-se às necessidades mutáveis de uma força de trabalho mutável.	Os custos e a carga administrativa aumentam.
O envolvimento dos empregados e de suas famílias aumenta.	Os empregados escolhem apenas os benefícios que usam.
A compreensão dos benefícios melhora.	
Há introdução de novos benefícios a um custo menor.	A utilização elevada de um benefício pode aumentar o seu custo.
Os custos e a organização são limitados e há uma melhor forma de aplicação do seu dinheiro.	

Fonte: Elaborado com base em Chiavenato, 2010.

De acordo com Robbins (2005), os planos de benefícios flexíveis mais comuns são os planos modulares, os planos nucleares e os planos de créditos flexíveis:

- **Planos modulares:** são formados por pacotes predefinidos de benefícios, de modo que cada módulo pode ser acrescido para atender às necessidades de grupos específicos de empregados. Por exemplo, existiria um módulo para atender a trabalhadores solteiros sem dependentes, outro para solteiros com filhos, outro para casados com filhos, outro para casados sem filhos. Dessa forma, cada trabalhador pode escolher pelo pacote que mais lhe convém, mas dentro desse pacote não haverá flexibilidade.
- **Planos nucleares:** consistem em um núcleo fixo de benefícios essenciais e em um cardápio de benefícios adicionais. Por exemplo, a assistência médica e o subsídio para alimentação seriam comuns a todos os empregados. No entanto, além desses benefícios, cada pessoa poderia escolher por mais alguns, de acordo com o seu interesse e com a oferta.
- **Planos de crédito flexível:** permitem que o empregado use até determinada quantia estabelecida pelo plano para pagar os serviços que contrata de modo particular. Por exemplo, um trabalhador com salário de R$ 2.000,00 poderia "gastar" até R$ 200,00 por mês em benefícios. Poderia escolher, entre os benefícios oferecidos, aqueles que mais lhe conviessem, porém com essa limitação de valor.

Robbins (2005) associa o uso de benefícios flexíveis com a teoria da expectativa (abordada no Capítulo 2); posto que cada indivíduo tem necessidades diferentes, esse tipo de programa pode atuar como agente motivador. Coerentemente com a teoria da expectativa, a qual sustenta que as recompensas organizacionais devem estar vinculadas às metas individuais dos empregados, os benefícios flexíveis individualizam as recompensas, permitindo que cada empregado escolha o pacote de opções que melhor atenda às suas necessidades.

Síntese

Neste capítulo, alguns conceitos dos capítulos anteriores foram retomados para identificar as consequências da motivação e da desmotivação no cotidiano organizacional. Vimos que o investimento na motivação dos empregados pode gerar aumento de produtividade, aumento de qualidade, melhora do relacionamento interpessoal e redução dos índices de absenteísmo e rotatividade.

Evidenciou-se que as diferentes teorias da motivação podem ser transformadas e programadas para motivar os trabalhadores e, então, analisamos diferentes alternativas para estimular a motivação no contexto organizacional, como: implantar a administração por objetivos, trabalhar com programas de reconhecimento e de envolvimento dos trabalhadores, replanejar, reorganizar e flexibilizar o trabalho, além de trabalhar com programas de remuneração variável, remuneração por competências e benefícios flexíveis.

Ao tratar de remuneração variável, remuneração por competências e benefícios flexíveis, estamos falando de sistemas de recompensas, tema que está altamente atrelado à motivação. Chiavenato (2010) afirma que ninguém trabalha de graça e que ninguém investe sem esperar retorno. Portanto, as pessoas trabalham em função de certas expectativas e resultados. Daí a importância de projetar sistemas de recompensas capazes de aumentar o comprometimento das pessoas nos negócios da organização. Dessa forma, Chiavenato (2010) explica que as recompensas oferecidas pela organização influenciam na satisfação dos seus empregados, pois cada um está disposto a investir com os seus recursos individuais na medida em que obtêm retornos e resultados dos seus investimentos. Assim, as pessoas vão procurar desempenhar suas atividades da maneira por meio da qual conseguem maiores recompensas ou benefícios; nesse caso, as recompensas alcançadas atuam no sentido de reforçar, cada vez mais, a melhoria do desempenho.

É claro que não pretendíamos esgotar o assunto, uma vez que isso não é possível. Poderíamos, ainda, debater os programas de treinamento, os planos de carreira e a gestão dos relacionamentos interpessoais como fatores motivacionais nas organizações. Carvalho, Palmeira e Mariano (2012) afirmam que, para alcançar o sucesso, as empresas devem estar em constante atualização; portanto, manter a equipe sempre qualificada é um dos desafios. Nessa perspectiva, os autores acreditam que o investimento na capacitação dos empregados é uma forma de valorizá-los. Assim, incentivar o desenvolvimento profissional pode ser uma ferramenta de motivação. Diversos autores, como Pereira e Fávero (2001), Tamayo e Paschoal (2003), Campos (2008) e Bezerra et al. (2010) demonstram que o relacionamento interpessoal é um fator importante para o bom rendimento no trabalho, pois favorece a motivação.

Contudo, sabemos que, mesmo assim, não seria possível abarcar todas as possibilidades. O fato é que não existe uma receita pronta e acabada que possa ser aplicada a todos os empregados de todas as empresas para que fiquem sempre motivados. Cada gestor deve ter criatividade para buscar estratégias personalizadas que atendam à necessidade de cada organização e de cada trabalhador, visando à motivação das pessoas.

Questões para revisão

1. Explique por que é importante para uma organização investir na motivação de seus trabalhadores.

2. Relacione a teoria da fixação de metas ao processo de administração por objetivos. Em que eles são similares? Quais são as diferenças?

3. (Enade – 2009 – Adaptada) Considerando a necessidade de criar uma intensa colaboração entre todos os funcionários para atingir as metas estipuladas, o gerente do Restaurante Paladar Exótico decidiu aplicar um plano de incentivo de grupo, por meio de bonificações à sua equipe de funcionários.
Qual das alternativas representa adequadamente esse plano?
   a) Incentivar o desempenho diferenciado dos diversos subgrupos componentes da equipe de funcionários.
   b) Promover à posição de supervisor do grupo o funcionário que mais se destacar na realização das suas atividades.
   c) Recompensar, de forma diferenciada, os funcionários, com base na experiência deles.
   d) Recompensar o conjunto dos funcionários sempre que as metas esperadas do restaurante forem atingidas ou superadas.
   e) Recompensar os funcionários que se destacam na superação das metas individuais.

4. (Enade – 2006 – Adaptada) Dentre os pilotos que compõem o quadro da Cia. Aérea Lunar, alguns têm demonstrado desempenho acima da média. Para esses, o Departamento de Recursos Humanos (RH) resolveu estabelecer um plano de recompensas diferenciado daquele utilizado para o restante da companhia. Celso, analista de RH, fez um levantamento das diferentes estratégias para recompensar esse grupo de pilotos.
Quais das estratégias de recompensa relacionadas a seguir são mais indicadas para esse caso?

a) Aquelas que estão diretamente vinculadas ao critério dos objetivos de realização empresarial, aliadas ao tempo de serviço no cargo.
b) Aquelas que atingem indivíduos de desempenho acima do esperado, sem que o tempo de serviço seja levado em conta.
c) Aquelas que contemplam resultados globais, perceptíveis, porém impossíveis de ser quantificados.
d) Aquelas que contemplam resultados setoriais, perceptíveis, porém impossíveis de ser quantificados.
e) Aquelas que se referem aos indivíduos de desempenho acima do esperado e que trabalham há mais tempo na empresa.

5. Os programas de reconhecimento dos empregados podem ter diferentes formatos. Por um lado, existem ações rotineiras, como atitude respeitosa, elogios, conversas francas, agradecimentos e confraternizações pelo sucesso. Por outro, existem programas formais, nos quais alguns comportamentos podem ser encorajados e há clareza quanto ao reconhecimento que será conquistado. Assinale a alternativa que apresenta corretamente a teoria da motivação com a qual os programas de reconhecimento de empregados podem ser articulado:
a) Teoria das necessidades.
b) Teoria da expectativa.
c) Teoria do reforço.
d) Teoria dos dois motivos.

Questões para reflexão

1. O que você, como gestor, pode fazer para que seus subordinados se esforcem mais no trabalho?

2. Você acredita que as palestras motivacionais têm potencial para motivar os empregados?

3. De todas as alternativas apresentadas neste capítulo, qual você acredita ser a mais eficaz para motivá-lo?

Importância, definição, conceitos e causas da satisfação no trabalho | 4

Larissa Viapiana

Conteúdos do capítulo

- Conceitos de satisfação e insatisfação no trabalho.
- Função psicológica do trabalho e importância do trabalho.
- Elementos que embasam as avaliações de satisfação no trabalho.
- Fatores situacionais e pessoais causadores ou antecedentes da satisfação (e da insatisfação) no trabalho.

Após o estudo deste capítulo, você será capaz de:

1. compreender a importância e a função psicológica do trabalho;
2. conceituar e definir satisfação e insatisfação no trabalho;
3. entender um pouco mais sobre o processo subjacente à satisfação no trabalho;
4. entender fatores situacionais e pessoais que causam satisfação e insatisfação no trabalho.

Você já ouviu falar sobre satisfação do trabalho em sala de aula, no seu cotidiano profissional ou mesmo em outros contextos? Já se considerou satisfeito ou insatisfeito com seu trabalho? Independentemente de sua resposta, é importante que profissionais das áreas de administração e gestão de organizações, formados ou em formação, estudem sistematicamente e compreendam o que é satisfação no trabalho e quais são suas causas e consequências, tanto para as organizações quanto para os seus colaboradores. Mas, antes de conhecer definições e outros fatores de influência, é necessário revisar brevemente o contexto histórico no qual as discussões sobre satisfação no trabalho surgiram, bem como entender o contexto atual de discussão e prática desse conceito. Vamos lá?

Em função das revoluções industriais, da produção em larga escala e das inicialmente precárias e desumanas condições de trabalho, a satisfação no trabalho tornou-se um dos conceitos mais amplamente investigados na área da psicologia organizacional e industrial, cujos primeiros estudos remontam à década de 1930 (Parker, 2007, p. 406).

No século XXI, apesar de anos de estudos e de esforços para entender como minimizar a insatisfação no trabalho, tanto na teoria quanto na prática, a situação da maioria dos trabalhadores ainda é de infelicidade e descontentamento no trabalho. Pesquisas recentes mostram que, nos Estados Unidos, 69% dos chefes sentem-se satisfeitos com o trabalho contra apenas 43% dos funcionários (Melo, 2014). No Brasil, 48% das pessoas se dizem infelizes com o trabalho (Donato, 2011). E quanto ao seu contexto de trabalho, você diria também que quase metade das pessoas se sente insatisfeita?

Considere que a maioria das pessoas gasta mais de um terço de suas horas de vigília no trabalho e leve em conta, ainda, uma perspectiva humanitária e social mais ampla. Não existe um valor óbvio em construir uma sociedade na qual as pessoas se sintam tratadas com respeito e dignidade? Que elas tenham uma visão positiva sobre seu trabalho? (Parker, 2007, p. 409). Por isso, antes mesmo de conceituarmos e aprendermos a mensurar a satisfação no trabalho, é essencial entender a importância do trabalho na vida das pessoas.

4.1
A função psicológica do trabalho

Não é preciso se distanciar do cotidiano para ter evidências da importância da função psicológica do trabalho e de sua relação com a (in)satisfação no trabalho. Podemos notar sua presença claramente na letra "Música de Trabalho", interpretada pela banda Legião Urbana (Villa-Lobos; Russo; Bonfá, 1996), da qual reproduzimos apenas o início:

> Sem trabalho eu não sou nada
> Não tenho dignidade
> Não sinto o meu valor
> Não tenho identidade
> Mas o que eu tenho é só um emprego
> E um salário miserável
> Eu tenho o meu ofício
> Que me cansa de verdade

A teoria por trás da realidade retratada na música é cunhada por Yves Clot, que, por meio de seus estudos sobre a função psicológica do trabalho, traz uma nova visão do trabalho como campo primordial para o desenvolvimento do homem. Sob essa perspectiva, assume-se que o "trabalho não é uma atividade entre outras. Exerce na vida pessoal uma função psicológica específica que se deve chegar a definir. E isso, precisamente, em virtude de ser ele uma atividade dirigida" (Clot, 2006, p. 12). Assim, "o trabalho não apenas continua a preencher uma função psicológica exclusiva – e que, portanto, não pode ser preenchida por qualquer outra atividade –, como mantém sua centralidade na sociedade contemporânea" (Lima, 2006, p. 112). Considerando sua função psicológica, podemos definir que trabalho ou emprego "não é uma entidade, mas uma abstração referente a uma combinação de tarefas desempenhadas por um indivíduo em certo contexto físico e social por remuneração financeira (e outras)" (Locke, 1969, p. 330). Além disso, trabalho é uma atividade que requer "a capacidade de realizar coisas úteis, de estabelecer e manter engajamentos, de prever, para outros e com outros, algo que não tem diretamente vínculo consigo" (Clot, 2006, p. 73).

O trabalho é espaço fundamental para a construção da saúde e da identidade não só de indivíduos, mas de coletividades e da sociedade como um todo. Assim, o trabalho tem um "papel insubstituível no desenvolvimento pessoal, na construção do próprio valor e na contribuição de cada um para a formação do patrimônio histórico-cultural humano" (Lima, 2006, p. 112-113). Portanto, em relação ao trabalho, "a sociedade dificilmente pode abstrair-se sem comprometer sua perenidade; e do qual um sujeito pode dificilmente afastar-se sem perder o sentimento de utilidade social a ele vinculado [...]" (Clot, 2006, p. 69).

O trabalho é função vital, pois envolve um duplo processo, de invenção e de renovação, no qual cada um de nós se vê como sujeito e objeto; trata-se, pois, de uma atividade que é de transmissão e de conservação ao mesmo tempo. Portanto, é fundamental dar atenção à subjetividade, ou seja, é preciso ultrapassar as barreiras da tarefa (do que deve ser feito) e da atividade (do que se faz) e incorporar também as vivências internas do sujeito (o real da atividade, ou seja, a subjetividade) (Lima, 2006, p. 112-115). Por isso, "Clot apresenta o conceito de atividade como unidade de análise. Esta é entendida como tendo três direções: pelo sujeito, para o objeto e para os outros" (Anjos; Magro, 2008, p. 222).

Mas será que essa centralidade do trabalho em nossa vida é exclusivamente positiva? Infelizmente, na prática, esse papel central do trabalho tem seu efeito colateral negativo. Isso porque existe uma cultura do contentamento disseminada na sociedade e nas organizações, tida como sinônimo de saúde (especialmente de saúde mental), a tal ponto que, como trazido por Marqueze e Moreno (2005, p. 76),

> os insatisfeitos são vistos com desconfiança e discriminação, pois perturbam o "mundo feliz e eficaz", e como pessoas com capacidades produtiva e cognitiva duvidosas. Assim, muitos trabalhadores negam e ocultam suas decepções, seus mal-estares e suas dores psíquicas e físicas, resultando em disfarces convincentes da insatisfação no trabalho. Esses disfarces, muitas vezes, são mantidos com o uso de estimulantes psicofármacos, álcool ou drogas.

Para saber mais

Se desejar refletir sobre como o trabalho é central na vida de um indivíduo, sugerimos que assista ao filme *A grande virada*. O filme propicia reflexões sobre a questão dos valores pessoais *versus* o trabalho, as mudanças no mercado de trabalho e o desemprego repentino. O protagonista, Bobby Walker (interpretado pelo ator Ben Affleck), que tinha um bom emprego, uma ótima família e um carro superesportivo na garagem, passa a viver o desafio de lutar tanto pela sua autoestima quanto por "um novo lugar ao sol" no mercado de trabalho.

A GRANDE virada. Direção: John Wells. Reino Unido/EUA: Califórnia Filmes, 2011. 113 min.

4.2
Conceitos e definição de satisfação no trabalho

Situada a importância do trabalho para indivíduos e para a sociedade, podemos passar aos conceitos e definições de satisfação e insatisfação no trabalho. Existem diversas definições, mas as duas principais são a da satisfação como afeto e a da satisfação como atitude.

Para os autores que consideram a satisfação uma reação afetiva (ou seja, emocional), como para Locke (1969, p. 314-316),

> A satisfação no trabalho é o estado emocional agradável resultante da avaliação do próprio trabalho como realizador ou facilitador da realização dos seus valores de trabalho. Insatisfação no trabalho é o estado emocional desagradável resultante da avaliação do próprio trabalho como frustrante ou bloqueador da realização dos seus valores de trabalho ou como ocasionador de desvalores.

Em outras palavras, entende-se que o estado emocional que compõe uma das definições de satisfação no trabalho é função da discrepância entre o que se quer (necessidades, o que o indivíduo valoriza no trabalho) e o que se obtém (resultados, como o trabalho contribui para realizar aquilo que é valorizado). A surpresa que resulta dessa diferença pode ser "desprazerosa" (quando vai ao encontro do que se desvaloriza) ou prazerosa (quando vai ao encontro do que se valoriza).

Portanto, a satisfação não depende somente da diferença entre percepção e valor, mas também da importância que o indivíduo atribui a esse valor (Locke, 1969, p. 314-330). Sumarizando, podemos afirmar que a satisfação no trabalho é considerada com base nas seguintes definições e na relação entre elas: importância, satisfação (de faceta), o que é (ou o que se tem) agora, o que gostaria que fosse e, por fim, o que deveria ser (Wanous; Lawler, 1972, p. 98).

Se olharmos para os estudos e pesquisas até então elaborados sobre satisfação no trabalho, parece existir algum consenso na definição de satisfação como reação afetiva ao trabalho. No entanto, um olhar mais profundo na literatura sobre o assunto nos faz descobrir que também prevalece a definição de que satisfação no trabalho é parte de uma atitude que o sujeito sustenta sobre ele.

Essa definição de satisfação no trabalho como parte da atitude considera as diferenças existentes entre três construtos relacionados: avaliações (ou, mais precisamente, julgamentos avaliativos gerais) sobre o trabalho (entre elas a satisfação ou insatisfação no trabalho), crenças sobre o trabalho e experiências afetivas quanto ao trabalho (veja na Figura 4.1). Nessa perspectiva, medidas de satisfação no trabalho são, em suma, medidas de avaliação global. A satisfação no trabalho é um importante construto em si, o qual, apesar de sobreposto a outros (como o de respostas afetivas e o de crenças), é distinguível, o que é fundamental para que se possa evitar tratamentos equivocados em relação aos fenômenos e às situações de trabalho (Weiss, 2002, p. 191).

Figura 4.1 – Modelo tripartite de atitude

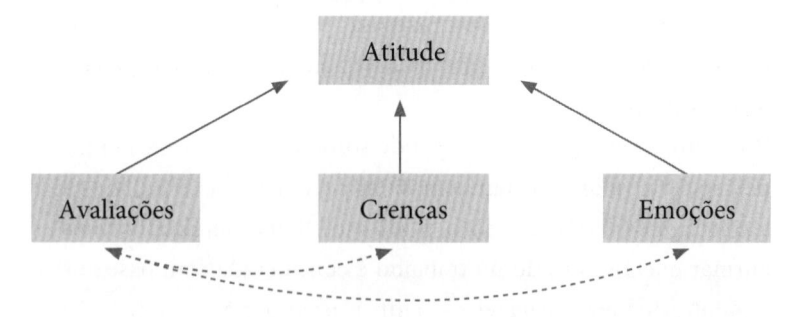

Como é conceitualmente mais bem delineado e atualizado, esse conceito será adotado como definição de satisfação do trabalho, ou seja, a satisfação como avaliação, sendo parte da atitude.

Mas a satisfação no trabalho é apenas uma parte da atitude, pois atitudes são entidades complexas, que incluem avaliações – mais especificamente julgamentos avaliativos – feitas com respeito a um objeto da atitude. Ao considerar o clássico modelo tripartite de atitude (cujas relações previstas inicialmente estão representadas por linhas sólidas na Figura 4.1), adotamos uma abordagem mais abrangente do que aquela de satisfação como resposta afetiva, proposta por diversos autores. Com isso, é possível esclarecer que atitude não é sinônimo de emoção ou afeto (Weiss, 2002, p. 173-174). Contudo, foram revisadas as relações entre os componentes da atitude (afetos, crenças e comportamentos), que, assim, são entendidos como diferentes tipos de causas e consequências da atitude, ou seja, da satisfação no trabalho (cujas relações adicionais de mútua causalidade estão representadas por linhas tracejadas, na Figura 4.1). Existem dois caminhos, não totalmente independentes, que se cruzam para julgamentos de satisfação: um de crença e um de experiência afetiva (Weiss, 2002, p. 183; Weiss; Nicholas; Daus, 1999, p. 10-22). Mesmo com essas sobreposições e esses cruzamentos, as avaliações, crenças e reações afetivas têm consequências comportamentais bem definidas, relevantes e independentes (Weiss, 2002, p. 174-186).

Vale ressaltar que maior frequência na consciência não equivale, necessariamente, a maior importância, uma vez que a importância está muito mais relacionada à acessibilidade. Atitudes variam em acessibilidade, ou seja, na força da associação entre a representação de um objeto (como o salário ou os colegas) e a resposta de atitude (como satisfação ou insatisfação), força que influencia o grau pelo qual a atitude vai guiar o comportamento em direção ao objeto

(Fazio, 1989; Fazio; Willliams, 1986, citados por Weiss, 2002, p. 187). Ainda, a acessibilidade da atitude está fortemente relacionada com o grau pelo qual os objetos são considerados abstratos (como salário) ou concretos (como reconhecimento). Ambas, concretude (ou abstração) e acessibilidade, predizem a medida da influência de estados de humor transitórios (como alegria ou tristeza) nas avaliações do objeto. Ainda, a distinção entre abstrato e concreto se relaciona à probabilidade da formação de atitudes guiadas por crenças ou por afetos (Weiss, 2002, p. 188).

4.3
Uma reflexão sobre causas e efeitos da satisfação no trabalho

Antes de estudar as causas – e, posteriormente, no Capítulo 5, as consequências da satisfação no trabalho –, algumas considerações precisam ser tecidas. Sabe-se, por exemplo, que há uma correlação significativa e considerável entre desempenho e satisfação no trabalho (Judge et al., 2001, p. 385-389). Isso também ocorre entre a satisfação no trabalho e outras variáveis. Correlação pressupõe que, quando uma variável se altera, a outra se altera também. No entanto, a correlação não estabelece o sentido dessa variação, ou seja, não determina qual das variáveis antecede ou causa a outra. Em suma, correlação não implica necessariamente "causação".

Por isso, procura-se estabelecer antecedentes (ou causas) e consequentes (ou efeitos) da satisfação ou insatisfação no trabalho. Contudo, em diversos estudos, nota-se que uma mesma variável ou fator, como a produtividade, pode ser tanto antecedente quanto consequência de outra variável, como a satisfação, até mesmo simultaneamente (Locke, 1969, p. 309-311).

É preciso entender como isso acontece, e não simplesmente perceber que "diferentes eventos tendem a ocorrer juntos em certa ordem" (Skinner, 1953, p. 23, citado por Locke, 1969, p. 311). Isso acontece não somente em função da realidade do fenômeno, mas também porque a maioria dos estudos se preocupa somente com a descrição de causas e efeitos, sem buscar entender por que determinada variável causa outra, nem considerar as propriedades dos sujeitos ou das variáveis (Locke, 1969, p. 311).

Mesmo com tais considerações tecidas e entendendo que as fronteiras entre causas e efeitos são difusas e móveis, para fins didáticos trataremos separadamente os fatores relacionados à satisfação, dividindo-os em causas (ou antecedentes) e efeitos (ou consequentes) da satisfação.

4.4 Causas ou antecedentes da satisfação no trabalho

Como afirmado anteriormente, para fins didáticos, separaremos os fatores que causam a satisfação no trabalho e os fatores que são por ela causados, de forma mais parecida com a maioria dos modelos explicativos de satisfação no trabalho (como é o caso apresentado na Figura 4.2).

Figura 4.2 – Modelo simplificado com antecedentes, correlatos e consequentes da satisfação no trabalho

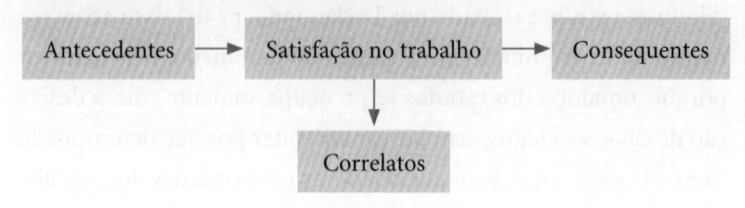

```
Antecedentes → Satisfação no trabalho → Consequentes
                        ↓
                    Correlatos
```

Fonte: Adaptado de Kinicki et al., 2002, p. 20.

Antigamente, havia certa confusão sobre o tema: não se sabia ao certo se os determinantes (ou causas) residiam somente na mente do indivíduo (ou seja, havia uma visão subjetiva, ou interna) ou se integralmente no trabalho em si (visão intrínseca, ou externa) (Locke, 1969, p. 309). Contudo, hoje é sabido que ambos os tipos de causas da satisfação no trabalho existem, podendo ser classificados em causas situacionais, causas individuais e causas que resultam da interação entre situação e indivíduo (Parker, 2007, p. 407-409).

4.4.1
Causas situacionais da satisfação no trabalho

É importante saber, em primeiro lugar, que existem duas principais abordagens da satisfação no trabalho: a abordagem global e a abordagem de faceta. A satisfação, em geral, é medida de forma global e varia diretamente na proporção em que as necessidades de um trabalhador (que possam ser satisfeitas em um trabalho) são de fato satisfeitas (Schaffer, 1953, p. 19). A abordagem de faceta, por sua vez, é muito empregada principalmente para diagnosticar determinantes da satisfação, em especial as causas situacionais (Parker, 2007, p. 407). Abordaremos algumas dessas facetas na seção a seguir.

Facetas da satisfação no trabalho

Uma combinação de facetas é diferente de satisfação global com o trabalho, até porque, muitas vezes, as satisfações com as diferentes facetas nem sequer estão correlacionadas entre si (Parker, 2007, p. 407). Com a abordagem de facetas, podemos construir uma descrição generalizável do ambiente de trabalho, atentando para os aspectos do trabalho que são comuns a diferentes ocupações, como pagamento ou salário. Podemos também nos concentrar naquelas facetas em que as avaliações atitudinais têm implicações comportamentais distintas. Ainda, podemos julgar facetas em termos da abstração ou concretude do objeto em avaliação, de forma segura. Contudo, o termo *facetas da satisfação no trabalho* confunde desnecessariamente ao implicar algum relacionamento do tipo parte-todo com as atitudes. Ao se tomar a satisfação no trabalho como atitude, é preciso considerar que, na verdade, não existem facetas da satisfação no trabalho; o que existe são apenas objetos discrimináveis no ambiente e na nossa experiência de trabalho, dos quais se fazem avaliações. Tanto que o relacionamento entre satisfação global e satisfação de faceta não é direto; na verdade, a satisfação global é algo mais que uma soma ou combinação de diferentes satisfações de faceta. Podemos sintetizar essa ideia com a noção de que as facetas, se somadas, não necessariamente formam um todo.

Mesmo assim, ainda é útil reconhecer que se pode atribuir uma avaliação para cada objeto discriminável do ambiente de trabalho, pois é possível pensar em facetas em termos de quanto elas entram na predição ou explicação de outros critérios de interesse (Weiss, 2002, p. 187-188). Talvez, por isso, muitas teorias sobre satisfação no trabalho tenham assumido abordagens de faceta, como as que serão demonstradas brevemente a seguir.

Teorias com abordagem de faceta da satisfação no trabalho

Como vimos no Capítulo 2 deste livro, uma das mais famosas teorias sobre causas da satisfação no trabalho é a teoria das atitudes de trabalho (ou teoria dos dois fatores) de Herzberg, segundo a qual fatores extrínsecos ao trabalho (ou fatores higiênicos) podem causar insatisfação geral com o trabalho, mas não satisfação. Em contrapartida, fatores relacionados ao trabalho em si (ou fatores motivadores) podem causar apenas satisfação geral, mas não podem causar insatisfação com o trabalho (Herzberg, 1959, 1966, citado por Locke, 1969, p. 332; Parker, 2007, p. 407). Entretanto, na verdade, os dois tipos de fatores contribuem tanto para a satisfação quanto para a insatisfação no trabalho (Locke, 1969, p. 333; Parker, 2007, p. 407). Por isso, a teoria dos dois fatores – motivacionais e higiênicos –, de Herzberg, é considerada simplista e incompleta (em virtude das inúmeras interpretações e versões que recebeu); sua validade não foi provada empiricamente de forma consistente, não resistindo ao teste do tempo (King, 1970, p. 18-19; Parker, 2007, p. 407).

Considerando-se evidências gerais, as quais mostram que é a natureza do trabalho que mais afeta a satisfação, outras duas teorias que focam na influência de características centrais intrínsecas apresentam-se mais adequadas para abordarmos as causas situacionais da satisfação no trabalho: a do modelo das características do trabalho e a do modelo demanda-controle de tensão no trabalho. Já verificamos a teoria do modelo das características do trabalho (do inglês, *job characteristics model*, ou JCM) no Capítulo 2 deste livro. A outra teoria é a do "modelo demanda-controle de tensão, que propõe que demandas do trabalho e controle do trabalho agem em conjunto afetando tensões de trabalho, incluindo insatisfação. Há boas evidências de que pessoas são mais satisfeitas se têm trabalhos com alto controle e níveis moderados de demanda" (Parker, 2007, p. 407). A implicação dessas teorias é que, por meio do redesenho do trabalho, do enriquecimento do trabalho ou de mudanças nas características do trabalho é possível melhorar a satisfação do trabalhador.

Além disso, há o chamado *modelo vitamina* de satisfação do trabalhador, segundo o qual diferentes aspectos do trabalho precisam estar presentes, pelo menos minimamente, a fim de produzir um empregado satisfeito. Trata-se de raciocínio análogo a quando nosso nutricionista ou nutrólogo indica a ingestão de dosagens diárias de vitaminas, a fim de se obter um organismo saudável (Roeckelein, 2006, p. 633).

Outras causas situacionais da satisfação no trabalho

Para além das teorias mencionadas, não podemos deixar de abordar algumas outras causas, estudadas em separado dentro da miríade de estudos e pesquisas sobre esse tema. A satisfação no trabalho está relacionada a algumas características associadas ao fato de que o trabalho deve parecer relevante para as habilidades valorizadas pelo empregado; além disso, é necessário conceder a ele algum grau de controle (Lawler; Hall, 1970, p. 309-312). Satisfação e insatisfação no trabalho são também afetadas por outras experiências e por causas relacionadas aos níveis organizacionais (ou grupais) e culturais; no entanto, ainda há muito que se descobrir sobre elas, principalmente comparando-se diferentes países (Parker, 2007, p. 407-408).

Algumas dimensões do trabalho são mais importantes para predizer ou influenciar a satisfação e a insatisfação do que outras, como a realização, o reconhecimento e a responsabilidade. Ao contrário, algumas dimensões do trabalho têm, em geral, menor impacto sobre a satisfação, como as condições de trabalho, as políticas e práticas organizacionais e a segurança (Dunnette; Campbell; Hakel, 1967, p. 155-172).

Vale lembrar que, independentemente da força do impacto, algumas causas afetam positivamente a satisfação (ou seja, causam satisfação ou reduzem a insatisfação), enquanto outras afetam negativamente (causando insatisfação ou reduzindo a satisfação).

Tendo isso em mente, podemos afirmar que a satisfação no trabalho é positivamente afetada pelas variáveis de autonomia e controle, chances de promoção, envolvimento no trabalho, gestão e planejamento participativos, justiça distributiva, pagamento, suporte dos pares ou colegas e suporte do supervisor (Brooke; Russell; Price, 1988, p. 142-144; Currivan, 1999, p. 514; Gaertner, 1999, p. 483-491; Kalleberg, 1977, p. 133-142; Kim, 2002, p. 235-237).

Ainda, a satisfação no trabalho é negativamente influenciada pelas variáveis de ambiguidade do papel, carga de trabalho, conflito de papel, centralização, papel do estresse e rotinização (Brooke; Russell; Price, 1988, p. 142-144; Currivan, 1999, p. 514; Gaertner, 1999, p. 483-491).

Para saber mais

Por falar em rotinização, o jogo *Every day the same dream* (Molleindustria, 2009) permite ao jogador colocar-se na rotina de um trabalhador, refletir e agir sobre ela. Com sua simplicidade estética e de comandos, suas cores monótonas, bem como música e história repetitivas, exige do jogador criatividade para ajudar o personagem a fugir da prisão de *déjà-vu* em que vive, antes que o próprio jogador fique entediado.

Continuando a discussão sobre as demais causas situacionais da (in)satisfação no trabalho, a percepção de justiça (no tratamento e no ambiente de trabalho) mostra-se como influente na diretamente a satisfação do trabalhador de contato (ou de linha de frente) (Bettencourt; Brown, 1997, p. 49-55). A justiça procedimental mostrou-se como influente na satisfação no trabalho, bem como no comprometimento e nos comportamentos de cidadania organizacional (Moorman; Niehoff; Organ, 1993, p. 216-222).

O nível de pagamento está relacionado à satisfação com o pagamento e à satisfação com o trabalho, influenciando-a marginalmente (Judge et al., 2010, p. 160-163). Além disso, a quantia absoluta que um trabalhador recebe de salário só tem influência na satisfação no trabalho se considerarmos a justiça percebida pelo trabalhador em relação ao nível de pagamento (Parker, 2007, p. 407-408).

Os valores do trabalho e as recompensas são bons preditores da satisfação no trabalho (Farrell; Rusbult, 1981, p. 85-94). Contudo, o trabalhador considera-se apto a obter recompensas de trabalho em função do seu grau de controle sobre as situações do emprego (Kalleberg, 1977, p. 133-142). Por isso é que as percepções dos empregados quanto ao planejamento estratégico e ao estilo de gestão, ambos participativos, são positivamente associadas a altos níveis de satisfação no trabalho (Kim, 2002, p. 235-237).

O clima organizacional e seus elementos (a atmosfera e o ambiente de trabalho, o bem-estar do trabalhador, o reconhecimento por parte do supervisor e os relacionamentos interpessoais entre colegas) influenciam na satisfação do trabalhador (Oliveira; Carvalho; Rosa, 2013). Mas não somente isso: o clima organizacional influencia a organização e suas subunidades e está fortemente relacionado à satisfação individual e ao desempenho de subunidades (Pritchard; Karasick, 1973, p. 135-144).

Além disso, os tipos de clima ético afetam algumas facetas da satisfação no trabalho. Mais especificamente, um clima profissional influencia de forma significativa a satisfação global com o trabalho, mas mais fortemente a satisfação com promoções, com o supervisor e com o trabalho em si. Um clima de cuidado leva a uma maior satisfação com os supervisores. Em contrapartida, um clima instrumental influencia negativamente a satisfação com colegas, com promoções e com supervisores, bem como a satisfação global no trabalho (Deshpande, 1996, p. 657-658).

O suporte social no ambiente de trabalho, seja esse suporte instrumental, seja afetivo, tem efeitos na satisfação do trabalho (Ducharme; Martin, 2000, p. 234-240); porém, esse suporte precisa ser assim percebido pelo trabalhador.

Por fim, o desempenho no trabalho medeia a relação entre estresse e satisfação. Há também uma relação positiva entre conflito de papéis e desempenho no trabalho, e entre este e a satisfação (Babin; Boles, 1996, p. 63-70).

Esclarecidas as causas situacionais (do contexto), é possível partir para o estudo das causas pessoais (inerentes a cada indivíduo) que afetam sua satisfação no trabalho.

4.4.2
Causas pessoais da satisfação no trabalho

A satisfação no trabalho depende também da personalidade e do temperamento das pessoas que executam funções ou ocupam cargos. Ao nos referirmos à personalidade, é necessário observar diferenças individuais com relação a padrões de características de sentir, pensar e agir (Kazdin, 2000). Temperamento, por sua vez, "refere-se às diferenças individuais em reatividade e autocontrole que emanam de uma base constitucional" (Leary; Hoyle, 2009, p. 35).

O estudo da personalidade foca principalmente em duas áreas amplas: os traços (características estáveis de personalidade, ou seja, partes componentes da personalidade, ou, ainda, variáveis contínuas que se alteram em quantidade de indivíduo para indivíduo) e os tipos (agrupamentos de pessoas de acordo com traços, ou categorias gerais para descrever pessoas) de personalidade (Davis; Buskist, 2008). O modelo de abordagem de personalidade mais comum atualmente é o modelo dos cinco fatores (ou, do inglês, *the five-factor model*). Ele compreende cinco principais conjuntos de traços de personalidade: extroversão, agradabilidade, conscienciosidade, estabilidade emocional e intelecto (Fruyt; Wiele; Heeringen, 2000).

Tendo isso em mente, é importante também saber que existem dois tipos de abordagens das causas pessoais da satisfação no trabalho: a direta e a indireta. A abordagem direta relaciona variáveis disposicionais à satisfação no trabalho, buscando trazer conhecimento sobre quais traços de personalidade podem ser mais importantes, de acordo com cada trabalho. Um traço, por exemplo, é a disposição afetiva pela qual o trabalhador com alta afetividade negativa tende a reportar baixa satisfação no trabalho; ao contrário, o trabalhador com alta afetividade positiva tende a vivenciar alta satisfação no trabalho.

Em contrapartida, existem as abordagens indiretas das causas pessoais da satisfação no trabalho. A principal dentre elas é aquela que mostra que escores de satisfação no trabalho podem ser estáveis por longos períodos de tempo, mesmo quando a pessoa muda de ocupação ou emprego. Contudo, essa abordagem pode ser considerada incompleta, uma vez que outros fatores (não abordados por ela) podem causar tal estabilidade (Parker, 2007, p. 408). De forma geral, consideraremos principalmente as abordagens diretas.

Características individuais

Como verificamos, variáveis individuais afetam a satisfação com aspectos contextuais do trabalho, sendo até mais importantes do que os fatores organizacionais para predizer a satisfação com o trabalho em si (Bartol, 1979, p. 60-66). Algumas das variáveis individuais, que veremos a seguir, são a idade, o gênero, os traços de personalidade e outras variáveis fundamentais.

A satisfação no trabalho aumenta com a idade, atingindo um platô na chamada *meia-idade*, por volta dos 45 anos de vida. Esse efeito pode ocorrer em razão do fato de que, em geral, trabalhadores mais velhos têm mais habilidades desenvolvidas do que os mais jovens e, por isso, conseguem empregos melhores e mais recompensadores. Ocorre, também, porque, com o passar do tempo e com a experiência, os indivíduos desenvolvem expectativas mais realistas sobre o trabalho, reduzindo a chance de frustração (Parker, 2007, p. 408).

Isso é explicado ainda por diferenças nos valores de trabalho relativas a mudanças que acontecem ao longo do tempo na vida do sujeito (Kalleberg, 1977, p. 133-142; Kalleberg; Losocco, 1983, p. 82-89). Apesar de o gênero ter menor influência do que a idade para predizer a satisfação no trabalho, em geral as mulheres reportam maiores níveis de satisfação no trabalho em relação aos homens. Isso está relacionado a um bem-estar relativo, uma vez que elas têm expectativas mais baixas do que os homens (Clark, 1997, p. 357-365).

Alguns dos melhores preditores disposicionais da satisfação do trabalho fazem parte dos chamados *traços fundamentais de autoavaliação*, em especial a autoeficácia generalizada, a autoestima, a estabilidade emocional (baixo neuroticismo) e o lócus de controle (Judge; Bono, 2001, p. 83-85). Ou seja, indivíduos com autoavaliação central positiva tendem a experimentar maior satisfação no trabalho em relação àqueles que têm uma visão central negativa sobre si (Parker, 2007, p. 408). A relação entre esses traços de autoavaliação e a satisfação no trabalho é parcialmente mediada pela complexidade do trabalho (Judge; Bono; Locke, 2000, p. 241-248). No modelo de personalidade de cinco fatores que mencionamos, além do neuroticismo (oposto da estabilidade emocional), também a extroversão (ou a abertura) relaciona-se com a satisfação no trabalho (Judge; Heller; Mount, 2002, p. 533-536).

Por fim, a aceitação (a disposição ou boa vontade de um indivíduo para experimentar sensações físicas, sentimentos e pensamentos mesmo sem controle sobre eles ou sem deixar que determinem suas ações) prediz a afetividade negativa, a saúde mental e o lócus de controle no trabalho (Bond; Bunce, 2003, p. 1062-1065).

Essas são algumas das causas pessoais da satisfação no trabalho; vale ressaltar que elas podem atuar em conjunto com as causas situacionais para influenciar a satisfação do trabalhador.

4.4.3
Causas situacionais *versus* causas pessoais da satisfação no trabalho

Como foi mencionado, algumas teorias propõem que a satisfação do trabalho deriva da interação entre causas situacionais e causas pessoais. Duas teorias exemplificam bem essa abordagem de interação: o modelo de Cornell e a teoria valor-percepção.

O modelo de Cornell propõe que, quando os indivíduos recebem um alto nível de saída ou recompensa pelo trabalho (como condições de trabalho, pagamento ou *status*) em relação às entradas ou à contrapartida que têm de dar no seu papel de trabalho (como esforço e tempo), a satisfação no trabalho é maior. Dessa maneira, esse modelo reconhece que essa equação é afetada pelo valor que o indivíduo atribui a tais entradas e saídas.

A teoria valor-percepção, por sua vez, propõe que diferenças entre o que o trabalhador deseja e aquilo que ele recebe só causam insatisfação se a faceta do trabalho em questão é valorizada por ele. Ou seja, os indivíduos são mais propensos a se satisfazerem quando seus valores (aquilo que consideram importante) são realizados (Parker, 2007, p. 408-409).

Além disso, a relação entre as características do trabalho e a satisfação no trabalho é mais forte para empregados com alta força de necessidade de crescimento (ou seja, a necessidade do trabalhador de desenvolvimento e de crescimento pessoal por meio do trabalho é um dos mais importantes valores de trabalho). Para os empregados com baixa força de necessidade de crescimento, características situacionais mostram-se mais importantes para determinar a satisfação (Loher et al., 1985, p. 282-288).

Por fim, também podemos enquadrar os relacionamentos entre algumas outras variáveis ou causas – como afetividade, saúde, bem-estar, satisfação na vida e família – na categoria de causas situacionais e pessoais, uma vez que têm relações mais complexas entre si.

Afetividade e satisfação no trabalho

De forma geral, o afeto (tanto disposição afetiva crônica quanto estados afetivos transitórios – ou humores) influencia as avaliações de satisfação no trabalho, a qual, por sua vez, influencia reações afetivas (emoções discretas ou isoladas, como a raiva).

Medidas de afeto predizem a satisfação, mas não são iguais a ela. Tanto emoções positivas quanto negativas contribuem para predizer a satisfação global (Fisher, 1998, p. 16-26). Por isso, antes de entender mais detalhadamente essas relações, é necessário resgatar o conceito de emoção. Assim, "emoção é a forma psicossomática pela qual o homem vivencia sua estimativa do relacionamento benéfico ou prejudicial de algum aspecto da realidade em relação a ele mesmo" (Rand, 1957, p. 947, citado por Locke, 1969, p. 315).

Uma experiência afetiva é, em si, um conceito complexo; por isso, é preciso distinguir emoções discretas – como estados afetivos típicos (por exemplo, se você é geralmente feliz) – e humores como estados afetivos imediatos (por exemplo, se você está feliz agora, neste exato momento). Humores carecem de objeto para o qual o afeto é direcionado e, assim, tendem a produzir respostas mais difusas e gerais. Emoções discretas, ao contrário, são estados afetivos direcionados a algo ou alguém (Weiss, 2002, p. 176-185).

Acredita-se que parte considerável da variação na satisfação no trabalho pode ser explicada por diferenças individuais em afetividade. A satisfação no trabalho está positivamente correlacionada à afetividade positiva e negativamente correlacionada à afetividade negativa (Connolly; Viswesvaran, 2000, p. 272-277).

Mesmo estados momentâneos de humor podem ter efeito sobre as avaliações de satisfação no trabalho, pois é o estado afetivo imediato que produz o comportamento imediato, além de consequências cognitivas de relevância para o funcionamento organizacional. É importante enfatizar que estar em um estado afetivo tem implicações enormes para aquilo que uma pessoa faz no trabalho. Dessa maneira, as relações entre afeto e trabalho, em sua maioria, são diretas e independentes, não sendo mediadas por nenhuma avaliação geral do trabalho ou de uma faceta dele (Weiss, 2002, p. 176-185). Apesar disso, níveis médios de humor prazeroso ao longo do tempo contribuem para predizer a satisfação global no trabalho (Weiss; Nicholas; Dauss, 1999, p. 10-22).

Pesquisadores do construto *atitude* costumam erroneamente operacionalizar afeto como resposta ao objeto da atitude. Eles demonstram conceitualmente que a mensuração de reações afetivas ao objeto reflete a história afetiva com o objeto, influenciando avaliações gerais. Ao contrário, é necessário distinguir entre tratamento de experiências e respostas afetivas em relação ao objeto, bem como lembrar-se de que ambos também são diferentes tipos de avaliação global de satisfação. Ainda, a contribuição de experiências afetivas para o julgamento de atitudes pode ser aumentada mediante a experiência com o objeto de tais atitudes.

Além disso, é preciso ressaltar que os estados afetivos (tanto humores quanto emoções discretas) flutuam ao longo do tempo.

Adicionalmente, efeitos comportamentais, cognitivos e de desempenho concernentes aos estados afetivos positivos e negativos tendem a não ser simétricos (Weiss, 2002, p. 176-185).

Além da relação entre afetividade e satisfação no trabalho, são complexas também as relações entre saúde, bem-estar e satisfação.

Saúde, satisfação e bem-estar

Você acredita que o trabalho afeta a saúde e o bem-estar do indivíduo? Os efeitos do trabalho no homem não são triviais, visto que uma substancial complexidade no trabalho tem grande impacto no funcionamento psicológico do trabalhador. Isso, pois, exige uma ação recíproca continuada entre homem e trabalho, resultando numa relação entre condições ocupacionais e funcionamento psicológico (Kohn; Schooler, 1973, p. 101-117).

Alto esforço físico e psicológico e baixa recompensa podem afetar de forma negativa o bem-estar do trabalhador. Ironicamente, isso acontece em especial com aqueles trabalhadores altamente comprometidos com a organização, pois se esforçam além da demanda de trabalho (Jonge et al., 2000, p. 1321-1325).

Vida e satisfação no trabalho

Você já deve ter ouvido um popular questionamento: "Você trabalha para viver ou vive para trabalhar?". Hoje se sabe que a satisfação na vida e a satisfação no trabalho são recíprocas e significativamente relacionadas, não importa o gênero do trabalhador (Judge; Watanabe, 1993, p. 943-947).

No entanto, até o início da década de 1970, estudos encontravam maiores diferenças ao comparar a relação entre satisfação no trabalho e satisfação na vida para homens e para mulheres. Após esse período, essas diferenças entre os gêneros diminuíram consideravelmente, em função, é provavel, de mudanças na importância do trabalho na vida das mulheres e de mudanças demográficas entre trabalhadoras (Tait; Padgett; Baldwin, 1989, p. 504-505).

Conflito trabalho-família e satisfação no trabalho

Quando se trata de conflito trabalho-família, é importante considerar a direção e a forma do conflito. Quanto à forma ou ao tipo, o conflito pode ser de tempo, de tensão ou de comportamento. O conflito trabalho-família, em especial o conflito comportamental, afeta tanto a satisfação global quanto a composta (de facetas) do trabalho (Bruck; Allen; Spector, 2002, p. 343-351).

Pode-se explicar um montante considerável da variabilidade na satisfação do trabalho por meio de variáveis específicas do domínio da família e vice-versa (Ford; Heinen; Langkamer, 2007, p. 63-73). Conflitos trabalho-família podem afetar, portanto, a satisfação no trabalho. Quando o trabalhador conta com altos níveis de suporte instrumental e emocional de sua família, em geral esse suporte interfere menos no trabalho. De outro lado, quando o trabalho interfere na família, os familiares acabam fornecendo menos suporte ao indivíduo (Adams; King; King, 1996, p. 415-418). Estresse na família e estresse no trabalho têm forte efeito em conflitos trabalho-família (Ford; Heinen; Langkamer, 2007, p. 63-73).

Em geral, trabalhadores que sofrem um maior conflito trabalho-família são menos satisfeitos com o trabalho e com a vida, o que é ainda mais marcante para trabalhadores do gênero feminino (Kossek; Ozeki, 1998, p. 139). Em contraposição, é possível encontrar um ponto de equilíbrio, pois trabalhadores que têm responsabilidades familiares são mais satisfeitos com o trabalho e mais comprometidos com a organização quando têm a oportunidade de flexibilizar seus horários, o que também é mais proeminente para mulheres (Scandura; Lankau, 1997, p. 385-388).

4.5 Satisfação no trabalho como variável mediadora

Sabe-se que a satisfação no trabalho é um resultado ou uma saída valiosa em si, mas também é um guia para outras saídas, tanto organizacionais quanto individuais (Parker, 2007, p. 406). Além disso, a satisfação no trabalho pode "fazer o meio de campo", ou seja, fazer o papel de mediadora entre duas outras variáveis de causa e consequência, atribuindo conexão e força ao relacionamento indireto entre elas.

Como exemplo disso, podemos apontar que a satisfação no trabalho é mediadora da relação entre violações de contratos psicológicos e alguns comportamentos do empregado – como os comportamentos de cidadania organizacional, a intenção de pedir demissão e a negligência com os deveres de seu papel. Vale observar que "contratos psicológicos consistem nas crenças do indivíduo a respeito dos termos e condições de um acordo de troca entre eles mesmos e suas organizações" (Turnley; Feldman, 2000, p. 25).

||||||||||||||||||||||||||||||||||||||||||||||||||||||||||||||| Estudo de caso ||||

Você conhece o SAS? Fundado em 1976 como SAS Institute, o SAS atualmente é líder mundial no mercado de inteligência de negócios, fornecendo serviços e *software* de análise. A sua missão é:

> O SAS oferece soluções comprovadas que impulsionam a inovação e melhoram o desempenho. O SAS transforma a maneira como o mundo funciona, dando às pessoas O PODER DE SABER®. Os valores do SAS podem ser vistos em todas as relações da empresa, desde compromissos com clientes em longo prazo até a forte e focada comunidade empregada – Acessível; Dirigido ao Cliente, Rápido e Ágil, Inovador; Confiável. (Glassdoor, 2014, tradução nossa)

Além disso, é também uma das melhores empresas para trabalhar no mundo, de acordo com a revista *Fortune*. O SAS fomenta quatro valores por toda a sua organização ao redor do globo: valorizar pessoas acima de tudo; dar é receber; confiança acima de tudo; e que os empregados possam entender o significado de seu trabalho (Crowley, 2013). Foram esses valores, já enraizados na cultura organizacional, que permitiram que o SAS firmasse compromisso de não demitir nenhum de seus mais de 13 mil funcionários quando passou por crise em função da recessão econômica e financeira (Malhotra, 2010). De que forma a sua empresa valoriza seus colaboradores e sua satisfação?

Fonte: Adaptado de SAS, 2014.

Síntese

Em primeiro lugar, vimos que o trabalho tem papel central na vida das pessoas e uma função psicológica exclusiva, o que torna desejável haver pessoas satisfeitas no trabalho. Dada a importância de compreender e mensurar a satisfação no trabalho, podemos defini-la como atitude, ou seja, um julgamento avaliativo acerca do trabalho em geral ou de suas facetas. No entendimento do processo de avaliação da satisfação no trabalho, é importante diferenciarmos este de outros conceitos, como crenças, valores, comportamentos e emoções.

Para entender melhor a satisfação no trabalho, podemos acessar os fatores que a antecedem ou a determinam, ou seja, suas causas. Essas causas podem ser classificadas em situacionais (como significância da tarefa e autonomia), pessoais (como idade ou disposição afetiva) e causas oriundas da relação entre fatores pessoais e situacionais (como conflitos trabalho-família). Por fim, observamos que a satisfação pode mediar a relação entre outras duas variáveis.

Questões para revisão

1. A satisfação ou a insatisfação no trabalho podem ser causadas por fatores oriundos do trabalhador ou por aspectos relativos à situação de trabalho. Das alternativas a seguir, assinale aquela que não se refere às causas situacionais da satisfação no trabalho:
   a) *Feedback* sobre como o trabalhador está desempenhando seu trabalho, provido pelo trabalho.
   b) Visão do trabalho do início ao fim por parte do trabalhador.
   c) Disposição, por parte do trabalhador, de experimentar sensações, sentimentos e pensamentos mesmo sem controle sobre eles.
   d) Variedade ou trabalho que propicia aos trabalhadores realizar diferentes tarefas.
   e) Nenhuma das alternativas anteriores (todas as alternativas são causas situacionais).

2. (FCC – 2012 – TRE-SP) A expressão *cidadania organizacional* refere-se:
   a) à prática gerencial que estimula a participação e o posicionamento dos colaboradores em ações políticas.
   b) à atuação da empresa em projetos voltados à comunidade onde atua.
   c) à participação dos colaboradores em projetos voltados à construção de um clima de trabalho saudável.
   d) às políticas organizacionais que estimulam um clima de trabalho percebido como favorável por seus parceiros externos.
   e) às contribuições individuais no local de trabalho que vão além das exigências do cargo e das relações profissionais remuneradas por contrato.

3. (FunRio – 2012 – Certec – Adaptado) Segundo Herzberg, a satisfação ou a insatisfação para trabalhar dependem de dois fatores: os higiênicos e os motivacionais. Assinale a alternativa que corresponde ao fator higiênico:
   a) Delegação de responsabilidade.
   b) Liberdade de decidir como executar o trabalho.
   c) Salário e remuneração.
   d) Oportunidades de promoção.
   e) Uso pleno das habilidades pessoais.

4. Qual é a relação entre a função psicológica do trabalho e a satisfação no trabalho?

5. Qual é a principal vantagem em definir satisfação como atitude em vez de emoção?

Questões para reflexão

1. Você concorda com o posicionamento de Clot de que o trabalho tem lugar central na vida das pessoas? Ou você acredita na outra corrente de pensamento, de autores que defendem que o trabalho é somente mais uma das facetas da vida (assim como família, espiritualidade e sexualidade)? Você acredita que essas crenças, da centralidade ou não do trabalho, influenciam na atuação de gestores de pessoas? Reflita e discuta com seus colegas.

2. Você acredita que trabalhadores que estão enfrentando problemas pessoais de saúde ou de família podem ou devem levá-los ao conhecimento do empregador? Ou acredita que o ideal é separar vida pessoal e trabalho? Reflita e discuta com seus colegas.

Efeitos, mensuração e melhoria | 5
da satisfação no trabalho

Larissa Viapiana

Conteúdos do capítulo

- Fatores consequentes ou efeitos da satisfação no trabalho.
- Desempenho do trabalhador e da organização.
- Conceitos como saúde e bem-estar e a satisfação geral de vida do trabalhador.
- Mensuração da satisfação no trabalho.
- Importância da mensuração da satisfação no trabalho e questões relevantes.
- Exemplos de mensurações existentes.
- Ações para o aumento da satisfação no trabalho.

Após o estudo deste capítulo, você será capaz de:

1. entender fatores consequentes da satisfação e da insatisfação no trabalho;
2. refletir sobre questões concernentes à mensuração da satisfação;
3. conhecer algumas das medidas já existentes de satisfação e insatisfação no trabalho;
4. refletir sobre possíveis abordagens para o aumento da satisfação e a diminuição da insatisfação no trabalho.

Para poder atuar sobre o trabalho e os trabalhadores, aumentando sua satisfação ou reduzindo sua insatisfação, é preciso não somente conhecer as causas dessas situações, é necessário saber as consequências da satisfação ou da insatisfação no trabalho, para que elas possam nortear processos de mudança e servir como objetivos organizacionais e individuais para a busca da satisfação. Além disso, para conseguir operacionalizar tal mudança, é preciso diagnosticar a situação atual e comparar alterações, a fim de avaliar os progressos obtidos.

5.1
Efeitos ou consequências da satisfação no trabalho

Em geral, a satisfação no trabalho é vista como um importante resultado, para indivíduos, organizações e a sociedade como um todo. Além disso, a satisfação no trabalho também pode influenciar outros resultados organizacionais e pessoais. Assim, ela também é referência para outras saídas, tanto organizacionais quanto individuais (Parker, 2007, p. 406-409).

5.1.1
Desempenho no trabalho e outros comportamentos organizacionais

Mesmo que sejam considerados somente trabalhadores com altos níveis de satisfação global, coexiste ampla variação na qualidade do trabalho. Somente uma análise cuidadosa das consequências relevantes levará a ganhos em progresso sobre os relacionamentos de desempenho (Llorente; Macías, 2005, p. 670-672; Weiss, 2002, p. 184).

Essa análise cuidadosa se faz necessária também, pois, no decorrer da história dos estudos sobre satisfação no trabalho, divergências surgiram quanto ao fato de a satisfação afetar ou não o desempenho do indivíduo e da organização. Evidências anteriores demonstravam que a correlação entre satisfação no trabalho e desempenho do trabalhador e da organização é relativamente baixa, não o afetando direta e fortemente (Aziri, 2011, p. 84-85; Iaffaldano; Muchinsky, 1985, 261-270). Contudo, evidências mais recentes indicam que há uma relação entre essas variáveis (Hochwarter et al., 1999, p. 303-307; Parker, 2007, p. 409). Há até mesmo estudos em nível organizacional que associam a média da satisfação dos trabalhadores de uma organização ao desempenho desta, em especial ao lucro e à fatia de mercado obtidos pela empresa (Parker, 2007, p. 409).

Entretanto, antes de detalhar como o desempenho pode ser causado pela satisfação, é necessário defini-lo. Desempenho é o resultado do ajuste entre as demandas do trabalho ou tarefa e os comportamentos do trabalhador. Portanto, o desempenho em si não é um construto psicológico; com isso, é importante lembrar que pessoas no trabalho se comportam, elas não "desempenham" (Weiss, 2002, p. 184). De maneira geral, atitudes globais organizacionais estão mais associadas a resultados relativos à organização (como rotatividade), enquanto atitudes específicas do trabalho estão associadas a resultados relativos a tarefas (como avaliações de desempenho). Para acessar o desempenho no trabalho, pode-se avaliar a confiança, o conhecimento e o julgamento, a cooperação e o planejamento (Shore; Martin, 1989, p. 630-638). No entanto, como o assunto se refere às consequências da satisfação no trabalho, é importante diferenciar os resultados obtidos em função de níveis maiores (satisfatório) e menores (insatisfatório) dessa variável.

Satisfação e desempenho

A relação entre satisfação e desempenho mostra-se ainda mais forte para trabalhos mais complexos, muito provavelmente pela autonomia e controle que esses trabalhos propiciam ao trabalhador (Parker, 2007, p. 409). Diante de um alto valor de realização em conjunto com alta disposição afetiva positiva (ou com baixa disposição afetiva negativa), a relação positiva entre satisfação e desempenho no trabalho se torna ainda mais forte (Hochwarter et al., 1999, p. 303-307). Em suma, podemos afirmar que há um grande impacto da satisfação na motivação dos trabalhadores, a qual, por sua vez, tem impacto tanto na produtividade quanto no desempenho de organizações de negócios (Aziri, 2011, p. 84-85).

Além disso, a satisfação no trabalho tem se mostrado também forte preditor quando consideramos comportamentos de cidadania organizacional como parte do desempenho. Tais comportamentos são atos voluntários de ajuda à organização como um todo, aos colegas de trabalho e aos clientes (Parker, 2007, p. 409). A satisfação do trabalhador de contato com o cliente (ou de linha de frente) também influencia seus comportamentos pró-sociais. Esses comportamentos, por sua vez, afetam as avaliações que os clientes fazem da entrega de serviços (Bettencourt; Brown, 1997, p. 49-55).

Insatisfação e desempenho

Em contrapartida, temos a insatisfação no trabalho, que promove comportamentos negativos na organização, uma vez que indivíduos insatisfeitos são mais propensos a se engajar em comportamentos de retirada ou subtração (como atrasos, ausências ou até demissão) ou mesmo em atos contraproducentes (como agressão, roubo e sabotagem) (Parker, 2007, p. 409-410).

É preciso considerar, contudo, que a relação entre satisfação no trabalho e ausência é fraca, em virtude, provavelmente, da quantidade de diferentes razões que podem levar um indivíduo a ausentar-se (Hackett; Guion, 1985, p. 354-371; Parker, 2007, p. 409-410). É possível distinguir entre dois tipos de absenteísmo: voluntário e involuntário. A insatisfação no trabalho, junto com o comprometimento organizacional, prediz comportamentos de absenteísmo voluntário, mas não involuntário (Hackett; Guion, 1985, p. 354-371; Sagie, 1998, p. 162-169).

Percepções de tratamento equitativo no trabalho mostraram-se mais eficientes na previsão da rotatividade e do absenteísmo do que as variáveis de satisfação (Dittrich; Carrell, 1979, p. 35-38). Mesmo assim, a satisfação no trabalho está correlacionada à rotatividade (Farrell; Rusbult, 1981, p. 85-94).

A relação entre satisfação no trabalho e rotatividade (e, portanto, mobilidade no mercado de trabalho) é moderada por alternativas econômicas, ou seja, em tempos de maior desemprego, a relação entre satisfação no trabalho e rotatividade é menor. O mesmo ocorre para a relação entre intenção de pedir demissão e rotatividade (Carsten; Spector, 1987, p. 376-379; Freeman, 1977, p. 9; Machado; Silva, 2010, p. 10-16; Parker, 2007, p. 409-410). Há diferenças de gênero nesses comportamentos; é curioso que trabalhadores homens sejam mais insatisfeitos no trabalho, enquanto as mulheres são mais inativas (ou desempregadas) em função da insatisfação (Machado; Silva, 2010, p. 10-16).

Modelo de relação mútua entre satisfação e desempenho

Mesmo cientes de que diversos estudos relacionam essas variáveis de diferentes maneiras, representados no modelo integrativo do relacionamento entre satisfação e desempenho no trabalho (Figura 5.1), neste livro abordaremos o desempenho somente como consequência da satisfação no trabalho.

Figura 5.1 – Modelo integrativo sintético do relacionamento entre satisfação no trabalho e desempenho no trabalho

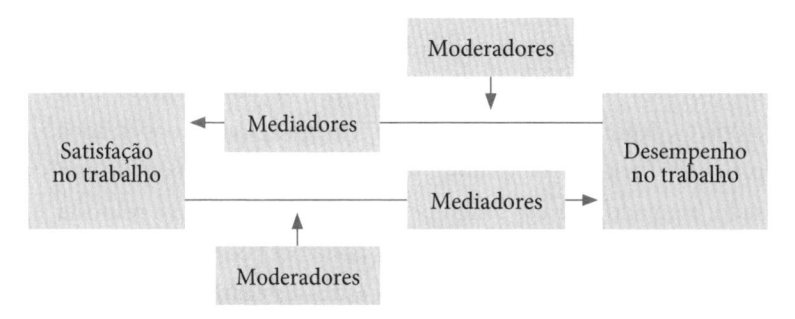

Fonte: Adaptado de Judge et al., 2001, p. 390.

O modelo da figura acima representa abstratamente o fato de que satisfação no trabalho e desempenho influenciam-se mutuamente e também são influenciados diretamente por variáveis mediadoras e indiretamente por variáveis moderadoras.

5.1.2
Saúde e satisfação na vida

Além do desempenho no trabalho, que já observamos, outras importantes consequências da satisfação no trabalho são relativos à saúde do trabalhador e à sua vida fora do trabalho. Quanto à vida, em geral, o modelo de transbordamento (do inglês, *spillover*)

baseia-se em evidências de que, o modo como uma pessoa pensa ou se sente a respeito de seu trabalho tende a afetar o modo como pensa ou se sente mais amplamente, ou seja, a satisfação no trabalho tem uma correlação positiva considerável com a satisfação geral na vida. Tanto é assim, que as experiências do trabalho transbordam e afetam de forma mais ampla a vida de aproximadamente 70% dos indivíduos (ou seja, a maioria das pessoas). Em contrapartida, é importante salientar que o contrário também é verdadeiro, ou seja, a satisfação geral na vida pode afetar a satisfação com o trabalho (Parker, 2007, p. 409).

A satisfação no trabalho é um fator essencial que se relaciona com problemas de saúde do trabalhador, tanto de ordem física quanto mental, como ansiedade, baixa autoestima, *burnout* (esgotamento crônico), depressão e dores de cabeça (Faragher; Cass; Cooper, 2005, p. 107-111; Parker, 2007, p. 409). Você já se sentiu o tempo todo cansado, esgotado, por um longo período de tempo? Caso a resposta seja afirmativa, é preciso estar atento, pois você pode estar sofrendo de *burnout*, um estado emocional de estresse negativo crônico que faz com que o indivíduo sinta reduzida realização pessoal e grande esgotamento emocional (Parker, 2007, p. 409).

No caso do desempenho (bem como da rotatividade), o melhor preditor não é a satisfação no trabalho, mas o bem-estar psicológico do empregado (Wright; Bonett, 2007, p. 149-154; Wright; Cropanzano, 2000, p. 87-92).

5.2
Mensuração da satisfação no trabalho

Após entender melhor o que é satisfação no trabalho, bem como quais são suas causas ou consequências, é possível quantificar ou mensurar a satisfação no trabalho. O tratamento da satisfação no trabalho do indivíduo é a fonte de informação mais útil que uma organização pode ter, para ser capaz de predizer resultados de relevância ao seu funcionamento (Rozowski; Hulin, 1992, citado por Weiss, 2002, p. 188-189).

"Considerando que as avaliações globais, independentemente de afeto ou crenças, têm consequências cognitivas e comportamentais, parece lógico assumir que a máxima utilidade prática e científica será ganhar por um pacote de mensuração que tenha todos os três componentes" (Weiss, 2002, p. 188-189). Contudo, as teorias de satisfação e teorias correlatas (como a de expectativa) tornaram-se tão complexas que excederam a capacidade das medidas existentes para testá-las (Lawler; Suttle, 1973, p. 502, citado por Mitchell, 1974, p. 1074).

Por isso, para entender o fenômeno, é necessário começar pela análise conceitual, que deve preceder a mensuração e a explicação. Essa sequência não deve ser invertida, sob risco e pena de retrabalhos e erros (Locke, 1969, p. 313). Dessa maneira, "a primeira questão que um investigador científico deve fazer não é 'como posso medir isso?', mas, sim, 'o que é isso?'" (Locke, 1969, p. 333-334). Satisfação no trabalho é definida, na maioria dos estudos, como uma resposta afetiva, mas é tratada como uma avaliação, o que acaba gerando confusão. Portanto, é preciso antes alinhar a mensuração de satisfação do trabalho com uma definição prévia.

Além da análise conceitual, devem ser considerados previamente os objetivos da mensuração. Organizações e gestores podem mensurar a satisfação no trabalho por uma série de razões, sendo as principais buscar entender possíveis consequências ou tendências, bem como diagnosticar aspectos causadores de insatisfação no trabalho. Assim, para melhorar a satisfação em dada situação de trabalho, a abordagem de faceta tem melhor poder diagnóstico; mas, para entender os efeitos gerais do trabalho sobre a satisfação do trabalhador, a melhor escolha é por classificações/avaliações globais (Parker, 2007, p. 407). Vale ressaltar que, ao se abordar a mensuralçao da satisfação no trabalho, deve-se tratar de algumas questões relevantes, como quão boa é uma medida e se ela é apropriada aos propósitos da organização. Ainda, é preciso decidir sobre algumas possíveis variações em medidas de satisfação no trabalho, como a escolha entre medidas específicas de uma ocupação *versus* medidas gerais, entre mensuração da satisfação global ou de facetas do trabalho, entre abordagens qualitativas ou quantitativas e entre a utilização de múltiplos itens ou de apenas um item para mensuração.

Há duas abordagens de mensuração possíveis: a qualitativa e a quantitativa. Medidas qualitativas de trabalho, como entrevistas estruturadas, oferecem uma interpretação mais profunda e rica dos dados encontrados, porém são menos generalizáveis. Medidas quantitativas, como os questionários com base em classificações numéricas atribuídas a itens de resposta fechada, são as mais comumente usadas, em virtude de características de boa medida e da generalização. Vale lembrar que essas abordagens, qualitativa e quantitativa, não são mutuamente excludentes; pelo contrário, ambas se completam.

Como é possível perceber (pela quantidade de questionamentos e decisões), desenvolver uma medida própria (em especial uma medida quantitativa) requer domínio em áreas como estatística e psicometria, bem como experiência e recursos. Um erro comum, que muitos estudiosos e/ou gestores cometem, é evitar utilizar medidas já existentes e teimar em desenvolver a própria medida, escrevendo alguns poucos itens e assumindo que eles fornecem medida adequada de satisfação no trabalho, sem evidência de qualidade. Isso pode levar a consequentes erros de interpretação e conclusão, bem como a equívocos decorrentes de decisões tomadas com base em tal abordagem. Ressaltamos que boas medidas de satisfação no trabalho já existem e a escolha de uma ou mais delas depende somente dos propósitos da organização e de seus gestores (Balzer; Gillespie, 2007, p. 410-411).

As mensurações, independentemente da quantidade de itens, devem ser fáceis de completar, ranquear e interpretar. É possível utilizar apenas um item para medir a satisfação no trabalho (como no caso de abordar a satisfação global). No entanto, estudos mostram que medidas que apresentam múltiplos itens são mais confiáveis para a mensuração tanto de facetas do trabalho quanto da satisfação global (que pode ser uma soma de itens gerais ou uma soma de facetas). As medidas de um único item são válidas, mas devem ser usadas com parcimônia e com base em justificativas plausíveis (Balzer; Gillespie, 2007, p. 410-411; Wanous; Reichers; Hudy, 1997, p. 250-251).

Por fim, mesmo que as medidas desenvolvidas para ocupações específicas sejam mais sensíveis às questões particulares de cada trabalho, elas não estão disponíveis para todas as ocupações; assim, para a maioria das organizações que têm empregados de diferentes ocupações, é mais proveitoso que utilizem medidas gerais, pois possibilitam comparar diferentes cargos, ocupações e unidades (Balzer; Gillespie, 2007, p. 410-411). Entretanto, antes de conhecer algumas das medidas existentes, vale fazer algumas importantes reflexões acerca da mensuração da satisfação humana no contexto do trabalho.

5.2.1
Reflexões acerca da mensuração da satisfação no trabalho

Um procedimento típico de mensuração do trabalho é deixar que os indivíduos classifiquem a sua satisfação com um número fixo de elementos do trabalho para, depois, somar as respectivas classificações, ponderando-as conforme sua importância relativa. No entanto, fazer essa ponderação pode ser redundante se for considerado que a importância já está embutida nas avaliações de satisfação.

É importante destacar que nem todos os indivíduos buscam a mesma quantidade de valores no trabalho. Mesmo assim, uma medida global válida poderia ainda ser a soma (e não a média) das satisfações constituintes, ou seja, de todos os aspectos do trabalho sobre os quais o indivíduo responde. As avaliações negativas (de insatisfação) poderiam ser subtraídas do total obtido.

Ainda, os graus máximos de satisfação (e insatisfação) que podem ser obtidos de uma dada faceta do trabalho não serão necessariamente os mesmos para todos os indivíduos, pois também não existe garantia de que trabalhadores que marcaram o mesmo ponto em dada escala, em determinado item, tenham realmente vivenciado o mesmo grau de satisfação (Locke, 1969, p. 326-332).

Além disso, além das atitudes, enfatizamos a importância de examinar as experiências afetivas no trabalho, o que pode ser feito por meio de medidas autorreportadas. O que se obtém com essas medidas é o resultado de um raciocínio, de alguma álgebra cognitiva, envolvendo expectativas, necessidades, valores e abordagens individuais das recompensas no ambiente de trabalho – em suma, essas medidas não capturam diretamente nenhum componente real das experiências afetivas (Weiss, 2002, p. 190-191). Tendo tecido essas importantes considerações, podemos passar às principais medidas existentes para o construto de satisfação no trabalho.

5.2.2
Medidas de satisfação no trabalho

Em geral, ao aplicar a maioria das medidas de satisfação no trabalho – assim como medidas de atitude em outros domínios –, pede-se aos respondentes para posicionar o trabalho ou uma faceta dele (ou outro objeto da atitude) ao longo de uma escala de avaliação (Weiss, 2002, p. 175). Existem diversas escalas e medidas (Kunin, citado por Aziri, 2011; Babin; Boles, 1996, p. 72; Brayfield; Rothe, 1951, p. 309; Currivan, 1999, p. 518; Deshpande, 1996, p. 659; Kim, 2002, p. 241; Oliveira; Carvalho; Rosa, 2013; Schaffer, 1953, p. 23-26; Spector, 1985, p. 702), sendo as mais comuns e amplamente utilizadas:

a | a escala de faces (Figura 5.2);
b | o questionário de satisfação de Minnesota (MSQ – *Minnesota satisfaction questionnaire*);
c | o levantamento diagnóstico do trabalho (JDS – *job diagnostic survey*);
d | a satisfação específica de faceta (FSJS – *facet-specific job satisfaction*);
e | o levantamento de satisfação no trabalho (JSS – *job satisfaction survey*);
f | o índice descritivo no trabalho/trabalho em geral (JDI – *job descriptive índex*/JG – *job in general*) (Connolly; Viswesvaran, 2000, p. 271; Balzer; Gillespie, 2007, p. 412-413).

Aziri (2011) apresenta uma forma simples de mensurar a satisfação, a escala de faces de Kunin (Figura 5.2), a qual orienta o respondente a marcar o retângulo logo abaixo da face que expressa como ele se sente sobre o seu trabalho em geral (incluindo os colegas, as oportunidades de promoção, o pagamento, a supervisão, o trabalho).

Figura 5.2 – Escala de expressões faciais apresentadas por Kunin

Crédito: Adaptado de Fotolia

Fonte: Aziri, 2011.

Brayfield e Rothe (1951) propõem uma alternativa de mensuração da satisfação global de múltiplos itens, o formulário do Índice de Satisfação no Trabalho. Utilizando uma escala de cinco pontos (variando de *concordo fortemente* a *discordo fortemente*, com ponto neutro no centro), disponibilizam-se ao respondente 19 itens:

1. Existem algumas condições a respeito do meu trabalho que podem ser melhoradas;
2. Meu trabalho é como um *hobby* para mim;
3. Meu trabalho é usualmente interessante o suficiente para me impedir de ficar entediado;
4. Parece que meus amigos são mais interessados nos seus trabalhos;
5. Considero meu trabalho bastante desagradável;
6. Desfruto do meu trabalho mais do que meu tempo de lazer;
7. Estou frequentemente entediado com meu trabalho;
8. Sinto-me razoavelmente bem satisfeito com meu trabalho;
9. Na maioria das vezes, forço-me a ir ao trabalho;
10. Estou satisfeito com meu trabalho para o momento;
11. Sinto que meu trabalho não é mais interessante do que outros que eu poderia ter;
12. Definitivamente, antipatizo com meu trabalho;
13. Sinto que sou mais feliz no meu trabalho do que a maioria das pessoas;
14. Na maioria dos dias, sou entusiasmado com meu trabalho;
15. Cada dia de trabalho parece que nunca vai acabar;
16. Gosto do meu trabalho mais do que a média dos outros trabalhadores;
17. Meu trabalho é muito desinteressante;
18. Encontro real prazer no meu trabalho;
19. Estou tão desapontado que nunca aceitei esse trabalho.

Fonte: Brayfield; Rotte, 1951, p. 309.

Por fim, Deshpande (1996, p. 659) apresenta uma escala de satisfação composta, na qual uma lista de itens é dividida em facetas da satisfação no trabalho (Quadro 5.1).

Quadro 5.1 – Facetas da satisfação no trabalho

Tipo ou faceta	Item
Satisfação com o pagamento	Minha organização paga melhor do que a concorrência.
	Meu pagamento é adequado, considerando-se as responsabilidades que tenho.
	Sou mal pago por aquilo que faço.
	Meus benefícios extras são generosos.
Satisfação com promoções	Não gosto da base na qual minha organização promove pessoas.
	Promoções são pouco frequentes na minha organização.
	Se faço um bom trabalho, tenho a possibilidade de ser promovido.
	Estou satisfeito com minha taxa de progressão.
Satisfação com colegas de trabalho	As pessoas com quem trabalho não me dão suporte suficiente.
	Quando peço coisas para serem feitas por outras pessoas, o trabalho é feito.
	Aprecio trabalhar com as pessoas aqui.
	Trabalho com pessoas responsáveis.
Satisfação com supervisores	Os gestores para os quais trabalho me apoiam.
	Os gestores para os quais trabalho são "top de linha".
	Meus superiores não me escutam.
	Meus superiores não me tratam de modo justo.
Satisfação com o trabalho em si	Meu trabalho é interessante.
	Sinto-me bem sobre a quantidade de responsabilidade em meu trabalho.
	Gostaria de estar exercendo outro trabalho.
	Tenho baixo senso de realização ao fazer meu trabalho.

Fonte: Adaptado de Deshpande, 1996, p. 659.

Você já ouviu falar a respeito de *rankings* de empresas que competem não somente no mercado de consumo, mas também para serem reconhecidas no mercado de trabalho? Uma das mensurações mais populares no Brasil, relacionada à satisfação no trabalho, é o *ranking* "As melhores empresas para você trabalhar", da revista *Você S/A*, que anualmente avalia e classifica empresas de diversos setores com base em dois índices: o Índice de Qualidade na Gestão de Pessoas (IQGP) e o Índice de Qualidade no Ambiente de Trabalho (IQAT). O IQGP, respondido pelas empresas, avalia itens como cidadania empresarial, estratégia e gestão, liderança e políticas e prática (que inclui carreira, desenvolvimento, remuneração e benefícios e saúde). O IQAT, respondido pelos empregados, questiona se eles acreditam ter desenvolvimento, se aprovam seus líderes, se estão satisfeitos e motivados e se eles se identificam com a empresa. O quadro-síntese dos resultados do "As melhores empresas para você trabalhar" do ano de 2013 (Quadro 5.2) traz a empresa líder de cada setor, bem como sua nota geral.

Quadro 5.2 – Quadro-síntese dos líderes de cada setor na avaliação "As melhores empresas para você trabalhar", de 2013

Setor	Empresa-líder	Nota geral
Atacado	Grupo Sinagro	86,8
Autoindústria	Volvo	89,5
Bancos e serviços financeiros	Consórcio Nacional Embracon	79,2
Bens de consumo	Moinho Globo Alimentos	84,5
Construção	Pormade Portas	86,1
Cooperativas	Unimed São José do Rio Preto	81,6
Energia	Elektro	90,5

(continua)

(Quadro 5.2 – conclusão)

Setor	Empresa-líder	Nota geral
Farmacêutico	Ourofino Agronegócio	82,6
Indústrias diversas	Embraco	87,2
Instituições públicas	Eletrobras/Eletronorte	84,3
Mineração	Sama	90,5
Papel e celulose	International Paper	76,4
Química e petroquímica	Cristal Pigmentos Brasil	86,3
Serviços	Algar Empreendimentos e Participações	84,3
Serviços de saúde	Laboratório Sabin	90,3
Siderurgia e metalurgia	Ata Indústria Mecânica	84,5

Fonte: Você/SA, 2013.

Para saber mais

O livro *Medidas do comportamento organizacional*, de Mirlene Siqueira, traz uma consolidação dos principais indicadores utilizados no campo da psicologia do trabalho e organizacional, incluindo, portanto, indicadores de satisfação no trabalho (Pitteri, 2011).

SIQUEIRA, M. M. M. **Medidas do comportamento organizacional**: ferramentas de diagnóstico e gestão. Porto Alegre: Artmed, 2008.

5.3
Da insatisfação à satisfação no trabalho

É importante que empregadores e seus gestores, em especial gestores de pessoas, tenham consciência de que a satisfação (ou insatisfação) no trabalho pode ser ampliada, principalmente ao considerarmos que as causas situacionais de (in)satisfação têm maior peso na condição de determinantes; essas causas estão sob poder de patrões e gerentes.

Aos gestores, a fim de melhorar a satisfação no trabalho, sugere-se, de maneira geral, mudar o ambiente de trabalho, aumentar os níveis de autonomia (empoderando e delegando mais aos trabalhadores), reduzir cargas excessivas de trabalho, incluir práticas para redução de conflitos entre trabalho e família, promover laços práticos e de filiação entre os colegas de trabalho de uma equipe ou grupo, flexibilizar horários e carga horária de trabalho e utilizar recompensas contingentes ao desempenho (como salários variáveis e participação nos lucros) (Ducharme; Martin, 2000, p. 234-240; Parker, 2007, p. 410; Scandura; Lankau, 1997, p. 385-388; Schermerhorn et al., 2010, p. 77).

Para que essas iniciativas floresçam nas organizações, é preciso considerar nesse processo as personalidades e os valores individuais dos trabalhadores (Parker, 2007, p. 410). Para tanto, busca-se identificar a relação entre os valores abstratos do indivíduo e o conjunto de metas específicas do seu trabalho, a fim de diagnosticar quaisquer conflitos de valor. Além disso, considerando a percepção que o trabalhador tem da sua situação, identificam-se fatores que têm o potencial de fazê-lo modificar seus valores abstratos sem causar insatisfação (Locke, 1969, p. 322-333).

Por fim, as organizações "devem incluir o desenvolvimento de políticas de gestão do estresse para identificar e erradicar práticas de trabalho que mais causem insatisfação, como parte de qualquer exercício destinado a melhorar a saúde do trabalhador" (Faragher; Cass; Cooper, 2005, p. 105). Na verdade, isso deveria compor parte considerável da descrição do trabalho de um gestor, em função dos custos associados à insatisfação e ao estresse nas organizações.

É importante, como primeiro passo, identificar os fatores que causam o estresse e a insatisfação nos trabalhadores. Uma vez identificadas essas causas, é possível conduzir intervenções cujo alvo seja a fonte do estresse e da insatisfação. Se, por alguma razão, for impossível eliminar a causa, cabe, então, aos gestores uma abordagem sintomática, ajudando trabalhadores a lidar com a insatisfação e a enfrentar o estresse (Wagner; Hollenbeck, 2010, p. 118).

Síntese

No início deste capítulo, abordamos os efeitos ou as consequências da (in)satisfação no trabalho. Mais especificamente, observamos que a satisfação e a insatisfação afetam, direta e indiretamente, o desempenho dos trabalhadores e da organização. No entanto, esse é um processo de reciprocidade mútua, no qual o desempenho, tanto organizacional quanto individual, afeta a satisfação no trabalho.

Na sequência, trataremos da mensuração da satisfação no trabalho, trabalho que requer definições prévias, bem como reflexões e decisões que o gestor precisa tomar antes de partir para a mensuração e para a ação. Apresentamos exemplos de mensuração, tanto de satisfação global quanto de faceta, nas opções de item único ou múltiplos itens.

Por fim, levantamos possíveis estratégias de ação para que gestores possam mudar o ambiente de trabalho a fim de aumentar a satisfação e diminuir a insatisfação no trabalho. Para isso, ressaltamos que o gestor deve estar atento a diferenças e particularidades de cada trabalhador, em especial no que concerne a seus valores.

Questões para revisão

1. (Enade –2006) As novas políticas de pessoal, recentemente implantadas na Confecção Norma Modas, trouxeram insatisfação e estresse para o ambiente de trabalho e consequentes perdas financeiras. A insatisfação e o estresse foram detectados a partir dos seguintes indicadores:
   I. custos associados a doenças ocupacionais;
   II. violência no trabalho;
   III. nível de responsabilidade atribuída ao cargo;
   IV. inclinações pessoais;
   V. absenteísmo e rotatividade.
   Como fontes adequadas de investigação, estão corretos, somente:
   a) I, II e V.
   b) I, III e V.
   c) II, III e IV.
   d) II, IV e V.
   e) III, IV e V.

2. (Cetro – 2013 – Anvisa) Uma das mais importantes tarefas dos psicólogos organizacionais é avaliar a satisfação dos funcionários, fornecendo subsídios para que as empresas tomem medidas para melhorá-la. A respeito dos temas *satisfação no trabalho* e *comprometimento organizacional*, analise as assertivas abaixo.
   I. A satisfação no trabalho é uma variável de atitude que mostra como as pessoas se sentem em relação ao seu trabalho.
   II. A satisfação no trabalho é muito difícil de ser estudada e mensurada. Por isso, poucos estudos e pesquisas são realizados, o que dificulta a compreensão científica desse fenômeno.

III. O comprometimento organizacional é outra variável de atitude, e suas várias definições contemplam a ligação do indivíduo com a organização.

É correto o que se afirma em:
a) I e II, apenas.
b) II e III, apenas
c) II, apenas.
d) I e III, apenas.
e) I, II e III.

3. No decorrer da história dos estudos sobre satisfação no trabalho, divergências surgiram quanto à existência de uma relação entre satisfação no trabalho e desempenho individual e organizacional, bem como quanto à natureza dessa relação. Considerando as descobertas e os estudos mais recentes, assinale a alternativa correta:
a) A satisfação é consequência do desempenho.
b) A satisfação causa o desempenho.
c) Satisfação e desempenho causam-se mutuamente.
d) Não há relação entre satisfação e desempenho.
e) Todas as alternativas anteriores estão corretas.

4. Quais são as diferenças entre satisfação global e satisfação composta (de facetas) e as implicações dessas diferenças para a mensuração da satisfação no trabalho?

5. Qual é a importância dos gestores na condução de melhorias na satisfação no trabalho?

Questão para reflexão

Considerando que os homens são mais insatisfeitos no trabalho, mas ficam menos desempregados ou inativos do que as mulheres, será que existe alguma tendência à lealdade cativa ao trabalho que varia de acordo com o gênero, sendo mais forte nos homens? Quais seriam os motivos para que os homens sejam mais leais? E quais seriam os motivos para que as mulheres tenham mais mobilidade, apesar de menos insatisfeitas, ou seja, para que sejam menos leais? Reflita e discuta com os colegas. Por fim, como lidar com essas diferenças de lealdade entre os gêneros, em função da (in)satisfação no trabalho?

Qualidade de vida no trabalho (QVT)

6

Carolina Walger

Conteúdos do capítulo

- Conceito de qualidade de vida no trabalho (QVT).
- Principais elementos e modelos de programas de qualidade de vida no trabalho (PQVTs)

Após o estudo deste capítulo, você será capaz de:

1. compreender o conceito de qualidade de vida no trabalho (QVT);
2. identificar os componentes da QVT;
3. reconhecer os modelos de QVT;
4. conhecer programas de QVT.

> *Conheça todas as teorias, domine todas as técnicas, mas, ao tocar uma alma humana, seja apenas outra alma humana.*
>
> *Carl Gustav Jung*

Nos capítulos anteriores deste livro, você percorreu um caminho de reflexão sobre importantes conceitos. Discutimos sobre o que é motivação, suas principais teorias e como colocar em prática esses conceitos no contexto organizacional. Também discorremos sobre a satisfação no trabalho, seus efeitos e formas de mensuração.

Você provavelmente percebeu que há uma relação muito próxima entre motivação e satisfação no trabalho, pois em diversos momentos esses dois termos se encontraram e foram aproximados. Contudo, ao falar sobre motivação e satisfação, outro conceito se torna necessário – o de qualidade de vida no trabalho (QVT). Aliás, por vezes, esse termo surgiu no texto, mas não recebeu a devida importância. Por isso, o último capítulo deste livro se dedica à QVT, compreendendo-a como uma consequência da motivação e da satisfação no trabalho.

6.1
Definindo qualidade de vida no trabalho (QVT)

O conceito de qualidade de vida no trabalho (QVT) evoluiu com o tempo, por isso é possível encontrar diversas definições. Isso traz uma grande confusão sobre o que realmente é a QVT, qual é a sua abrangência e quais podem ser os seus resultados. Segundo

Chiavenato (2010), o termo foi cunhado por Louis Davis na década de 1970, quando desenvolvia um projeto sobre desenho de cargos. Para o autor, o conceito de QVT refere-se à preocupação com o bem-estar geral e a saúde dos empregados. Paiva e Couto (2008) explicam que a QVT, inicialmente, foi definida como uma reação ou percepção das pessoas em relação ao trabalho. Portanto, o foco estava na visão do indivíduo, na sua satisfação e na sua saúde. Depois, a QVT foi compreendida como uma abordagem ou um método. Assim, seu conceito passou a estar ligado a técnicas específicas usadas para reformular o trabalho. Mais tarde, a QVT foi concebida como um movimento ou uma ideologia que deveria ser defendida. Em seguida, a QVT passou a ser vista como um conceito global, o qual envolve diversos tipos de programas e perspectivas ligados à competitividade organizacional, à qualidade de produtos e serviços e à satisfação dos empregados.

> "O conceito de QVT envolve os aspectos físicos, ambientais e psicológicos do local de trabalho e o impacto disso no trabalhador" (Paiva; Couto, 2008).

Chiavenato (2010) considera que o conceito de QVT implica profundo respeito pelas pessoas. De maneira semelhante, Wachowicz (2007) acredita que QVT é uma maneira de pensar a respeito das pessoas, do trabalho e da organização, tendo em vista o impacto do trabalho sobre os indivíduos e a eficácia organizacional. Para a autora, a QVT é uma compreensão abrangente e comprometida das condições de vida no trabalho, que inclui:

- aspectos de bem-estar;
- garantia de saúde e segurança física, mental e social;
- capacitação para realizar tarefas com segurança;
- bom uso de energia pessoal.

A QVT é, antes de tudo, uma nova atitude que responde à necessidade de trabalhar competitivamente com bem-estar, atrelando-se a programas de qualidade com compromissos de inovação, resgate de talentos, limites conforme as necessidades humanas, desenvolvimento de habilidades, preservação do meio ambiente e otimização da comunicação e dos desafios profissionais (Wachowicz, 2007). Chiavenato (2010) explica que a competitividade organizacional tem exigido foco em qualidade e, para que as organizações possam atingir o sucesso, necessitam de trabalhadores motivados e participativos, o que passa obrigatoriamente pela QVT. Para que o cliente externo seja bem atendido, as organizações devem se preocupar com o cliente interno. Portanto, as organizações devem buscar satisfazer seus empregados a fim de que possam otimizar o potencial humano.

> "A QVT responde a duas necessidades: dos trabalhadores que reivindicam bem-estar e satisfação no trabalho e das organizações que precisam potencializar a produtividade e a qualidade" (Chiavenato, 2010).

A QVT elevada conduz a um clima de confiança e respeito mútuo, no qual as pessoas tendem a aumentar suas contribuições, elevando suas oportunidades de êxito psicológico, enquanto a administração tende a reduzir mecanismos rígidos de controle social (Chiavenato, 2010). No entanto, Wachowicz (2007) reforça que a ausência da QVT pode gerar prejuízos para o trabalhador, os quais afetarão diretamente as organizações, como:

- falta de disposição para o trabalho;
- sofrimento e depressão;
- relacionamento interpessoal comprometido;
- falta ou excesso de sono e fome;
- adoecimento físico, mental e emocional;

- redução da *performance* no trabalho;
- aumento dos índices de absenteísmo, rotatividade e acidentes.

Diante das condições geradas pela falta de QVT, as doenças ocupacionais passam a ser uma consequência provável, surgindo em decorrência de fatores como:

- sobrecarga de trabalho;
- pressões decorrentes das responsabilidades pela tarefa a ser desenvolvida;
- relacionamentos disfuncionais com colegas e chefias;
- instabilidade quanto à segurança profissional;
- recompensas inadequadas;
- baixas perspectivas de reconhecimento e ascensão profissional;
- baixa autonomia;
- elevada imposição de normas;
- restrições quanto a comportamentos;
- conflito de valores.

6.2 Componentes da QVT

Como verificamos, o conceito de QVT é bastante amplo e complexo. Isso acontece pelo número de variáveis que interferem a sua construção. Assim como a motivação, a QVT também apresenta fatores intrínsecos e extrínsecos. Existem variáveis do indivíduo – como crenças, valores e história de vida – que impactam a forma como ele interpreta a realidade em que vive. Mas também há variáveis que são do ambiente e da organização e que vão determinar a ausência ou a presença de QVT.

Alves (2011) considera que a QVT é afetada por muitos fatores, como chefia, condições de trabalho, pagamentos, benefícios, cargo ocupado e equipe de trabalho. Chiavenato (2010) resume os fatores envolvidos na QVT da seguinte forma:

1. satisfação com o trabalho executado;
2. possibilidades de futuro na organização;
3. reconhecimento pelos resultados alcançados;
4. salário percebido;
5. benefícios auferidos;
6. relacionamento humano na equipe e na organização;
7. ambiente psicológico e físico de trabalho;
8. liberdade de atuar e responsabilidade de tomar decisões;
9. possibilidades de estar engajado e de participar ativamente.

A complexidade ao considerar esses fatores é que, embora a organização tenha ingerência sobre tais elementos, todos eles passam pelo viés da compreensão do indivíduo. Ou seja, por mais que a organização possa oferecer condições que busquem sanar todas essas necessidades, não há garantia de que isso vai satisfazer o indivíduo. Um exemplo é a questão salarial. Note que o autor se referiu ao salário "percebido". Ora, o salário é um valor expresso, nominal, racional. Contudo, a forma como alguém percebe o seu salário é diferente da forma como outra pessoa o percebe. Imagine que você ficou desempregado por um longo período e que no último emprego você tinha uma remuneração de R$ 1.000,00. Se você receber uma proposta para ganhar R$ 10.000,00, não vai lhe parecer o máximo? Agora, imagine outra situação: você acaba de ser demitido do cargo de diretor, com salário de R$ 25.000,00, e recebe uma proposta para um salário de R$ 10.000,00, isso vai lhe parecer interessante? Perceba que R$ 10.000,00 é o mesmo montante de dinheiro, mas a forma como cada indivíduo o interpreta é diferente; assim, falamos de *salário percebido*.

Principais componentes da QVT:

- Satisfação com a tarefa;
- Possibilidade de crescimento;
- Reconhecimento;
- Salário;
- Benefícios;
- Relacionamento interpessoal;
- Ambiente físico e psicológico;
- Liberdade;
- Participação.

Fonte: Elaborado com base em Chiavenato, 2010.

6.3 Modelos de QVT

Como podemos constatar, o conceito de QVT passou por diversas análises no decorrer do tempo; diversos estudiosos tiveram interesse em se debruçar sobre essa temática e compreender como os componentes da QVT se articulam de forma a promovê-la ou não. Chiavenato (2010) chama a atenção para o fato de a QVT não ser determinada apenas por características individuais, como necessidades, valores e expectativas. Tampouco é definida apenas por questões situacionais, como estrutura organizacional, tecnologia, sistemas de recompensas e políticas internas. Para o autor, é a relação sistêmica entre características individuais e organizacionais que gera a QVT. Por isso, diversos autores apresentam modelos para a compreensão da relação entre os componentes da QVT. Entre os principais, podemos encontrar: modelo de Nedler e Lawler, o modelo de Hackman e Oldhan e o modelo de Walton.

6.3.1
Modelo de QVT de Nadler e Lawler

Segundo Chiavenato (2010), esses teóricos consideram que a QVT está fundamentada em quatro aspectos. Se esses aspectos forem promovidos, a consequência será a geração de QVT. Tais aspectos foram listados como:

1. participação dos colaboradores nas decisões;
2. reestruturação do trabalho por meio do enriquecimento de tarefas e de grupos autônomos de trabalho;
3. inovação no sistema de recompensas para influenciar o clima organizacional;
4. melhoria no ambiente de trabalho quanto a condições físicas e psicológicas, horário de trabalho e outros aspectos.

6.3.2
Modelo de QVT de Hackman e Oldhan

Paiva e Couto (2008) explicam que na visão de Hackman e Oldham a QVT está relacionada às características das atividades exercidas. Para os propositores desse modelo, a QVT relaciona-se com dimensões básicas das tarefas, as quais, por sua vez, influenciam psicologicamente o empregado, impactando a sua produtividade. As dimensões consideradas são listadas por Chiavenato (2010) da seguinte forma:

1. **Variedade de habilidades**: o cargo deve requerer várias e diferentes habilidades, conhecimentos e competências das pessoas.
2. **Identidade da tarefa**: o trabalho deve ser realizado do início ao fim para que a pessoa possa perceber que produz um resultado palpável.

3. **Significado da tarefa:** a pessoa deve ter uma clara percepção de como o seu trabalho produz consequências e impactos sobre o trabalho das outras.
4. **Autonomia:** a pessoa deve ter responsabilidade pessoal para planejar e executar as tarefas, autonomia própria e independência para desempenhar.
5. **Retroação do próprio trabalho:** a tarefa deve proporcionar informação de retorno à pessoa para que ela própria possa autoavaliar seu desempenho.
6. **Retroação extrínseca:** deve haver retorno proporcionado pelos superiores hierárquicos ou clientes a respeito do desempenho na tarefa.
7. **Inter-relacionamento:** a tarefa deve possibilitar contato interpessoal do ocupante com outras pessoas ou com clientes internos e externos.

Para os autores, as dimensões do cargo listadas são determinantes da QVT, pois oferecem recompensas intrínsecas que produzem satisfação no cargo e motivam as pessoas para o trabalho.

6.3.3
Modelo de QVT de Walton

Da mesma forma que os outros modelos, o modelo de Walton considera que a relação sistêmica entre diversos fatores é que faz surgir a QVT. Para Walton, existem oito fatores que afetam a QVT, os quais são apontados por Chiavenato (2010):

1. **Compensação justa e adequada:** a justiça distributiva de compensação depende da adequada remuneração pelo trabalho que a pessoa realiza, da equidade interna (equilíbrio entre as remunerações dentro da organização) e da equidade externa (equilíbrio com as remunerações do mercado de trabalho).

2. **Condições de segurança e saúde no trabalho:** envolvem as dimensões *jornada de trabalho* e *ambiente físico adequado à saúde e ao bem-estar da pessoa.*
3. **Utilização e desenvolvimento de capacidades:** trata-se de proporcionar oportunidades de satisfazer as necessidades de utilização de habilidades e conhecimentos do trabalhador, desenvolver sua autonomia, autocontrole e ofertar informações sobre o processo total do trabalho, bem como retroinformação quanto ao seu desempenho.
4. **Oportunidades de crescimento contínuo e segurança:** trata-se de proporcionar possibilidade de carreira na organização, crescimento e desenvolvimento pessoal e segurança no emprego de forma duradoura.
5. **Integração social na organização:** envolve eliminação de barreiras hierárquicas marcantes, apoio mútuo, franqueza interpessoal e ausência de preconceito.
6. **Constitucionalismo:** refere-se ao não estabelecimento de normas e regras da organização, direitos e deveres do trabalho, recursos contra decisões arbitrárias e um clima democrático.
7. **Trabalho e espaço total de vida:** o trabalho não deve absorver todo o tempo e energia do trabalhador em detrimento de sua vida familiar e particular, de seu lazer e de atividades comunitárias.
8. **Relevância social da vida no trabalho:** o trabalho deve ser uma atividade social que traga orgulho para a pessoa por participar de uma organização. A organização deve ter uma atuação e uma imagem perante a sociedade, responsabilidade social, responsabilidade pelos produtos e serviços oferecidos, práticas de emprego, além de regras bem definidas de funcionamento e de administração eficiente.

No Quadro 6.1, há um resumo dos modelos apresentados.

Quadro 6.1 – Principais componentes dos três modelos de QVT

Modelo de Nadler e Lawler	Modelo de Hackman e Oldhan	Modelo de Walton
Participação nas decisões	Variedade de habilidades	Compensação justa e adequada
	Identidade da tarefa	Condições de segurança e saúde
Reestruturação do trabalho	Significado da tarefa	Utilização e desenvolvimento de capacidades
	Autonomia	Oportunidade de crescimento contínuo e segurança
Recompensas	Retroação do próprio trabalho	Integração social
	Retroação extrínseca	Constitucionalismo
Ambiente de trabalho	Inter-relacionamento	Trabalho e espaço total de vida
		Relevância social da vida no trabalho

Fonte: Elaborado com base em Chiavenato, 2010.

6.4
Programas de qualidade de vida no trabalho (PQVTs)

Tendo em vista os benefícios que a QVT promove para as empresas, tem sido bastante comum buscar estratégias que a promovam nas organizações. Isso acontece por meio dos programas de qualidade de vida do trabalho (PQVTs).

Benefícios do desenvolvimento da QVT nas organizações:

- aumento da motivação e da satisfação;
- aumento da produtividade;
- aumento da qualidade;
- melhoria da saúde e do bem-estar;
- melhoria nos relacionamentos interpessoais;
- redução de absenteísmo, rotatividade e acidentes de trabalho.

Knapik (2011) afirma que a QVT pode ser considerada um diferencial competitivo para as organizações e por isso o interesse pelos PQVTs tem aumentado. Para Alves (2011), o investimento nesse tipo de programa resulta em inúmeros benefícios, porém é preciso tomar alguns cuidados. O autor ressalta que muitas empresas têm buscado incorporar programas padronizados de QVT de forma imediatista, sem planejamento estratégico e sem os devidos investimentos. Com isso, os resultados não são os esperados. É preciso que a implantação dos programas tenha um direcionamento e uma especificidade que atenda às demandas de cada organização. Para isso, é necessário fazer um diagnóstico dos problemas e limitações das atividades ocupacionais, assim como dos recursos físicos e humanos, para então serem possíveis o planejamento e a execução das ações.

Embora existam práticas relativamente comuns nos PQVTs, como política de benefícios e atividades festivas, por exemplo, Alves (2011) reforça que a QVT está relacionada com a cultura organizacional: deve existir uma real identificação empresa-trabalhador para que as diversas ações possam gerar os resultados esperados. Assim, o autor afirma que a QVT ocorre apenas quando as empresas se conscientizam de que os seus trabalhadores são fundamentais.

Após a conscientização acerca da mudança de postura e a realização de um diagnóstico, diversos são os caminhos possíveis para se implantar um PQVT. Wachowicz (2007) considera a possibilidade de reestruturação do desenho de cargos, busca de novas formas de organizar o trabalho, formação de equipes de trabalho autogerenciadas e melhorias do ambiente organizacional. Chiavenato (2010) aponta a necessidade de implantação de programas de bem-estar com a finalidade de prevenir problemas de saúde dos empregados. Esses programas devem ter efeito sobre o comportamento e o estilo de vida dos empregados, ajudando-os a identificar riscos potenciais de saúde, educando-os a respeito de riscos de saúde e encorajando-os a mudar seus estilos de vida.

Diante da diversidade de ações possíveis, Alves (2011) realizou um levantamento em grandes empresas que obtiveram resultados positivos com esses programas e chegou a uma lista com 14 ações mais comumente utilizadas, as quais estão listadas no Quadro 6.2.

Quadro 6.2 – PQVTs mais comuns e suas consequências

Ações/Programas	Principais resultados observados
Exercícios físicos	Aumento da disposição, da satisfação dos trabalhadores e da tolerância ao estresse; melhora do relacionamento interpessoal; redução do absenteísmo, dos acidentes de trabalho e dos gastos médicos.
Treinamento e desenvolvimento	Aumento do capital intelectual, aperfeiçoamento das atividades, satisfação profissional, aumento da produtividade.
Ergonomia	Aumento do desempenho nas atividades, redução dos acidentes de trabalho.
Ginástica laboral	Prevenção e reabilitação de doenças ocupacionais, prevenção de acidentes de trabalho, melhor integração entre os trabalhadores, diminuição do absenteísmo, aumento da produtividade.

(continua)

(Quadro 6.2 – conclusão)

Ações/ Programas	Principais resultados observados
Benefícios	Motivação, satisfação profissional, satisfação das necessidades pessoais, aumento da produtividade.
Avaliação de desempenho	Aumento do desempenho do trabalhador, aumento da produtividade, aumento da satisfação profissional.
Higiene e segurança do trabalho	Ambiente mais saudável, prevenção de riscos à saúde, diminuição dos acidentes de trabalho, diminuição de absenteísmo e rotatividade, aumento da produtividade.
Estudo de cargos e salários	Mantêm os recursos humanos, aperfeiçoamento da administração dos recursos humanos, aumento da motivação e satisfação dos trabalhadores, aumento da produtividade.
Controle de álcool e drogas	Redução de riscos, melhora da segurança operacional, da saúde dos trabalhadores e da autoestima; diminuição dos acidentes de trabalho e do absenteísmo.
Preparação para aposentadoria	Motivação, satisfação profissional, aumento da autoestima, melhora na relação interpessoal, descobrimento de novas habilidades e competências, benefícios na vida social e familiar do trabalhador.
Orientações nutricionais	Diminuição da obesidade, mudança no comportamento de risco; aumento do desempenho e da disposição, aumento da produtividade.
Terapias alternativas	Aumento da tolerância ao estresse, melhora no relacionamento interpessoal, aumento da produtividade.
Musicoterapia	Aumento da autoestima, aumento do desempenho profissional, melhora no relacionamento interpessoal, aumento da tolerância ao estresse, prevenção de doenças.
Antitabagismo	Aumento da autoestima, aumento do desempenho e da disposição, prevenção de doenças.

Fonte: Adaptado de Alves, 2011, p. 67.

Após um programa de exercícios físicos no trabalho, as pessoas sentem-se melhor. Segundo Alves (2011), essa prática beneficia o setor corporativo ao reduzir os gastos médicos, melhorar a imagem da companhia, favorecer o entrosamento dos empregados, aumentar a satisfação deles, melhorar a produtividade, reduzir o absenteísmo e a rotatividade e reduzir lesões e acidentes. Além dessas consequências, o exercício físico regular reduz a obesidade, torna a pessoa mais calma, reduz a hipertensão arterial, minimiza o uso de álcool e fumo e aumenta a tolerância ao estresse.

O treinamento e o desenvolvimento de pessoas como ação de PQVT incentivam o atingimento de metas e o bem-estar no trabalho. Segundo Alves (2011), os treinamentos estimulam a criatividade, capacitam os trabalhadores, permitem o crescimento profissional, estimulam o comprometimento e trazem satisfação. O autor aponta que a ergonomia é outro aspecto que contribui para a saúde do trabalhador e para desenvolver a qualidade de vida. A ergonomia identifica situações em que o ambiente de trabalho está inadequado para que seja adaptado ao trabalho humano, no sentido físico e psicológico, de forma que o trabalho possa ser mais bem desenvolvido. Alves (2011) também identifica o uso da ginástica laboral como prática para a promoção da QVT. Essa ação combate o estresse e melhora a saúde física dos trabalhadores. O objetivo da ginástica laboral é proporcionar um conjunto de práticas físicas que compensem as estruturas físicas mais utilizadas no trabalho e ativem aquelas menos utilizadas. Como consequência, diminui o absenteísmo, melhora o desempenho dos colaboradores, promove a saúde, aumenta a disposição para o trabalho e melhora a integração entre os trabalhadores.

Os benefícios oferecidos pela organização também podem atuar como um fator que estimula a QVT, sugere Alves (2011). Para o autor, os benefícios podem motivar e melhorar a QVT, pois permitem satisfazer necessidades pessoais. Por sua vez, a avaliação de desempenho também figura entre os fatores que estimulam a QVT. Alves (2011) explica que, por meio da avaliação, o trabalhador tem um parâmetro sobre o seu desenvolvimento, permitindo seu aprimoramento e mais segurança no trabalho.

As ações de higiene e segurança no trabalho garantem a saúde dos empregados e, por isso, podem ser consideradas nos PQVTs. Essas ações geram um ambiente de trabalho seguro e agradável, permitindo mais produtividade e diminuindo o absenteísmo e a rotatividade.

Alves (2011) também identifica que os planos de cargos e salários favorecem a prática de uma remuneração adequada e permitem o crescimento profissional, o que motiva e satisfaz os trabalhadores.

Os programas de controle de álcool e drogas têm se mostrado importantes para detectar doenças, reduzir os riscos, melhorar a segurança e a saúde dos funcionários e controlar os índices de absenteísmo, conclui Alves (2011).

O autor considera, ainda, a preparação para aposentadoria uma ação de QVT. Assim, o trabalhador poderá enfrentar de forma saudável essa difícil experiência. Nesse caso, a organização revela preocupação com o futuro dos empregados, o que os deixa motivados e comprometidos com a elaboração de seu projeto de vida.

Alves (2011) identifica, por fim, algumas outras iniciativas, menos utilizadas, porém com consequências bastante positivas, como as orientações nutricionais, as terapias alternativas, a musicoterapia e o antitabagismo. As orientações nutricionais promovem a QVT ao favorecer a possibilidade de uma alimentação mais adequada, reduzindo os índices de sobrepeso, controlando a obesidade e melhorando a saúde do trabalhador. As terapias alternativas, como relaxamento e musicoterapia, estimulam a calma e estabilizam o estado de ânimo. As ações antitabagismo, por sua vez, envolvem a conscientização e o tratamento quanto ao uso do tabaco, favorecendo a saúde do trabalhador.

Ferreira, Alves e Tostes (2009) também se dedicaram a levantar as atividades de QVT mais comuns, porém se debruçaram no estudo dos órgãos públicos. Os autores propuseram a divisão de tais ações em três grandes grupos, o físico-corporal, o de eventos coletivos e os de suporte psicossocial.

- **Físico-corporais**: academia, artes marciais, alongamento, atividades posturais, caminhadas, dança de salão, ginástica laboral, ginástica localizada, hidroginástica, medicina preventiva, saúde bucal, natação, reeducação alimentar.
- **Eventos coletivos**: apresentações artísticas dos servidores, campanhas assistenciais, coral, feiras, festas, palestras, semana de qualidade de vida, semana do servidor, torneios e competições.
- **Suporte psicossocial**: acolhimento das pessoas afastadas, em reabilitação ou adaptação, curso de pintura, cursos de línguas, grupo de apoio, incentivo ao estudo, inclusão digital, orientações e ambientação do servidor na instituição, preparação para aposentadoria, readaptação e reabilitação funcional.

Como é possível notar, existe grande diversidade de alternativas para desenvolver a QVT nas organizações. Antes de tudo, esse interesse deve ser real, para que, então, um diagnóstico e um planejamento sejam feitos, de forma que sejam escolhidas as melhores alternativas, ou seja, aquelas que chegarão aos resultados esperados. Quer conhecer um pouco mais sobre os PQVTs? Confira como algumas empresas estão implantando esses programas.

Shell

A Shell é uma empresa que investe fortemente na melhoria da QVT de seus colaboradores para garantir maior produtividade. A empresa faz uma pesquisa com 60% de seus funcionários com o objetivo de determinar o perfil de saúde e os fatores de riscos. O levantamento faz parte de um programa de melhoria da QVT, implantado desde 1961.

Os dados revelam que a maioria dos empregados da empresa é sedentária, obesa, estressada, inadequadamente alimentada e hipertensa omissa. O gerente de programas de saúde afirma que esse perfil não é diferente do perfil do colaborador de outras empresas.

Entre os 1.846 colaboradores consultados, 96% têm dieta inadequada, alto consumo de gorduras e açúcares, 80% são sedentários e 71% apresentam excesso de peso. Desses, 17% são hipertensos e 30% se valem de automedicação. O ponto positivo foi a redução da percentagem de fumantes que caiu de 33% para 26%.

Com esse levantamento, a Shell está agindo proativamente para oferecer ao colaborador melhoria nas condições de saúde e prevenção de doenças. Isso não é paternalismo, pois a empresa sabe que o colaborador motivado, satisfeito, integrado e saudável garante maior produtividade e menores custos com doenças.

A estratégia da Shell é investir na instalação de restaurantes especializados em pratos leves e de *fitness centers* nas unidades que não possuem clube esportivo. Outra estratégia é implantar o programa Welness (bem-estar) com grupos experimentais. A empresa dispõe de uma equipe de terapeutas para auxiliar os colaboradores que estão com problemas afetivos (como divórcio, morte de cônjuge, doenças na família etc.). As prioridades se assemelham às dos chamados *employee assistence programs* (programa de assistência a empregados) dos americanos.

Fonte: Chiavenato, 2010, p. 488.

Kraft

Desde 2007, os 12 mil funcionários da Kraft no Brasil contam com medidas para equilibrar a vida pessoal com a profissional. Uma delas, a do horário flexível, permite que 1.900 pessoas do administrativo cheguem para trabalhar entre 7h e 11h e saiam entre 16h e 19h para, assim, poderem buscar os filhos na escola ou resolverem pepinos em bancos quando quiserem. Outra medida, a Sexta Flex, acontece no verão. Um descanso em plena tarde em uma sexta sim e outra não do período pode ser descontado do banco de horas. Os funcionários de Vendas Campo (vendedores) e promotores (que trabalham nos supermercados) também são elegíveis ao dia livre no dia de seu aniversário.

Para este ano, o plano é aumentar ainda mais a política de flexibilidade. Tanto que, a partir de março, a Sexta Flex começa a vigorar para todo o ano – e pode até ser estendida para outros dias da semana com o tempo. "Queremos, ainda, adotar uma política oficial de home office", diz Renato Souza, diretor de Talentos e Efetividade Organizacional da companhia. Por enquanto, os funcionários podem trabalhar de casa, desde que combinado com o chefe.

Fonte: Vaz, 2013.

Philips

A Philips, preocupada com a saúde de seus funcionários, implementou o Programa Qualidade de Vida. O objetivo é estimular as pessoas a mudarem seu estilo de vida, a adotarem hábitos mais saudáveis e a valorizarem a prevenção de doenças.

Entre as ações do programa no Brasil está o Espaço +Vida, um ambiente criado especialmente para proporcionar momentos de relaxamento e reflexão, com serviço de massagem e jardim oriental.

Realizar campanhas para prevenção de doenças facilita o diagnóstico precoce e evita problemas futuros, garantindo mais qualidade de vida aos funcionários.

Por isso, a Philips faz campanhas de prevenção a doenças como DSTs, AIDS, câncer ginecológico, câncer de mama, de próstata e de tireoide. Também são realizadas ações contra o tabagismo, de imunização contra a gripe, além de programas de reeducação e prevenção de dependência química, e saúde bucal.

Em 2006, também aconteceu a Ação Inteligente Contínua, um conjunto de procedimentos dinâmicos utilizados para administrar o estresse, baseados no conceito de resiliência. São realizados levantamentos dos níveis de estresse dos funcionários de todos os níveis hierárquicos, workshops e palestras de sensibilização, entre outras atividades. Nesse ano, foi concluída sua implantação em todas as unidades do Brasil.

O Programa de Prevenção e Tratamento do Tabagismo fornece aos funcionários, gratuitamente, todo o suporte profissional necessário para apoiar a decisão de parar de fumar e os medicamentos adequados ao tratamento.

Já o Programa de Condicionamento Físico – FIT estimula a prática de esportes por meio de programas de incentivo a equipes de corredores, passeios ecológicos, caminhadas e torneios esportivos, entre outros. O objetivo é mudar o equilíbrio entre a saúde física, emocional, social, espiritual e intelectual dos funcionários.

Além disso, a Philips publicou e distribuiu em todas as unidades o Livro de Receitas Saudáveis da Família, que reúne receitas culinárias dos colaboradores da empresa e ilustrações feitas especialmente pelos filhos dos funcionários.

O Programa de Qualidade de Vida já foi reconhecido pela Associação Brasileira de Qualidade de Vida (ABQV) como o melhor programa de ação global na categoria "indústria". Em 2004, também recebeu o Prêmio Racine.

O projeto é desenvolvido ainda em outros países da América Latina. O Vida Sana, Programa de Qualidade de Vida e Saúde do Chile, realiza programas regulares de vacinação, controle e acompanhamento médico e ginástica laboral. As metas são criar um ambiente saudável para todos os funcionários, minimizar acidentes de trabalho, reduzir o estresse e promover a integração. Os funcionários chilenos contam ainda com palestras, ministradas regularmente por instituições parceiras, sobre nutrição, alimentação saudável, prevenção de câncer de mama e dependência química, entre outros temas.

No México, o Programa de Qualidade de Vida e Saúde +Vida conta com o apoio de diversas ONGs reconhecidas, nacional e internacionalmente. Também são realizadas duas campanhas anuais: uma para doação voluntária de sangue e outra para a Prevenção ao Câncer de Mama, em parceria com a Fundação para a Prevenção e Diagnóstico do Câncer de Mama (Fucam), que coloca à disposição das funcionárias uma unidade móvel que realiza diagnósticos por meio de mamografias.

Anualmente, no mês de junho, a Philips México dedica uma semana inteira para a realização de diversos exames em seus funcionários: auditivos, oftalmológicos, controle de glicemia e colesterol, eletrocardiogramas, vacinação e nutrição, entre outros. Essa iniciativa é chamada de Semana Anual de Saúde.

> Para garantir um ambiente de trabalho saudável e seguro, foi criado o programa Star (Segurança no Trabalho Alerta para Riscos). Com foco na prevenção de acidentes, os funcionários são responsáveis por apontar condições inseguras de trabalho. Como resultado, foram indicados mais de 170 problemas dos quais cerca de 60% foram corrigidos.

Fonte: Philips, 2014.

Síntese

Neste capítulo, examinamos o conceito de qualidade de vida no trabalho (QVT), que está relacionado à preocupação com o bem-estar geral e à saúde dos empregados. Também identificamos os componentes da QVT, que incluem a satisfação com a tarefa, a possibilidade de crescimento, o reconhecimento, os salários, os benefícios, o relacionamento interpessoal, o ambiente físico e psicológico, a liberdade e a possibilidade de participação.

Ainda, o capítulo demonstrou diferentes modelos para a compreensão da QVT e as diversas possibilidades de ações para a implementação de programas de qualidade de vida no trabalho (PQVTs). Nesses exemplos, ressaltamos que as empresas estão implantando programas de acordo com o que indica a literatura, inserindo prática esportiva, programas de melhoria da alimentação, atividades de lazer e cultura, bem como projetos com foco na saúde do trabalhador.

Questões para revisão

1. Cite quais são os principais componentes da qualidade de vida no trabalho (QVT).

2. Cite quais são os benefícios do desenvolvimento da qualidade de vida no trabalho (QVT).

3. (Cespe – 2008 – Sebrae – Adaptada) Visando implementar um programa de qualidade de vida no trabalho, a área de gestão de pessoas deve elaborar o respectivo projeto com base em alguns pressupostos. Com relação a esses pressupostos, julgue os próximos itens, assinalando V para as afirmativas verdadeiras e F para as afirmativas falsas:
   ( ) A construção da qualidade de vida no trabalho deve alicerçar-se na visão integrada do indivíduo e da organização.
   ( ) Equidade interna, jornada de trabalho razoável, autonomia, crescimento pessoal, mobilidade, liberdade de expressão, direitos trabalhistas e tempo de lazer da família são indicadores de qualidade de vida no trabalho.
   ( ) Para lidar com o tema *qualidade de vida no trabalho*, é necessário realizar diagnóstico e implantar melhorias e inovações gerenciais, tecnológicas e estruturais dentro e fora do ambiente de trabalho.
   ( ) As ações de qualidade de vida devem ter o foco nas ações de saúde dos indivíduos, visando preservar aqueles que efetivamente realizam o trabalho.
   a) V, V, V, V.
   b) V, V, V, F.
   c) V, V, F, F.
   d) V, F, F, F.
   e) F, F, F, F.

4. (Cespe/UnB – 2009 – MCT/Finep) A qualidade de vida no trabalho é fator de suma importância para os empregados. Pode ser avaliada pela satisfação deles e pela prática das organizações.

Assinale a opção que contém indicadores de práticas administrativas orientadoras da qualidade de vida no trabalho:
a) treinamento em serviço; distribuição de vale-transporte e avaliação por meio de provas anuais.
b) passagens aéreas para férias; vale-refeição e sorteio de brindes semanais.
c) clareza das políticas e procedimentos; apoio psicológico e benefícios familiares.
d) controle de acidentes; horário flexível e passeios ecológicos.
e) férias coletivas; planos de carreira e ginástica olímpica.

5. (Cespe/UnB – 2008 –Serpro –Adaptado) Para atuar no sentido de acompanhar e influenciar a qualidade de vida de seus colaboradores, como a organização deve proceder? Marque V para as afirmativas verdadeiras e F para as afirmativas falsas:
( ) Promover programas de qualidade que envolvam aspectos da saúde física e emocional do trabalhador.
( ) Utilizar medidas de resultados por meio de metas definidas a partir de indicadores de qualidade de vida que representem necessidades do trabalhador.
( ) Realizar pesquisa com os gestores da organização, com o objetivo de levantar todas as variáveis a serem trabalhadas pela organização para uma melhor qualidade de vida dos empregados.
( ) Definir programas de melhoria na qualidade de vida que atendam a todos igualmente, independentemente de diagnósticos individuais de necessidades.
a) V, V, V, V.
b) V, F, V, F.
c) V, V, F, V.
d) F, V, F, V.

Questões para reflexão

1. Como você desenvolveria um programa de qualidade de vida no trabalho (PQVT) na organização em que trabalha?

2. Analise os PQVTs apresentados pela Shell, pela Kraft e pela Philips. Qual deles mais o agradou? Por quê?

3. Faça uma reflexão: como anda a sua qualidade de vida?

Para concluir...

Cada dia mais, observamos profissionais desmotivados e insatisfeitos com suas atividades, com a carreira e com a organização na qual trabalham. Assim, muitos profissionais são levados a buscar uma segunda carreira paralela ou simplesmente a abandonar tudo e recomeçar (em outra cidade, em outra empresa, em outra profissão). Essa inquietação não representa apenas o caso da personagem Elizabeth Gilbert, elucidado no início desta obra, mas um pouco de cada um de nós, pois, ao longo da vida pessoal e profissional, todos provavelmente já fizeram a seguinte reflexão: "Será que estou no caminho certo?".

Da mesma forma que essa inquietação afeta o indivíduo que a sente, acaba por impactar aqueles que estão à sua volta, como família, colegas e, principalmente, gestores. Este livro buscou falar com todos esses públicos, passando pela teoria da motivação, da satisfação e da qualidade de vida e pelas diversas possibilidades de aplicar esse conceito para incentivar os profissionais, tornando-os mais motivados, satisfeitos, com mais qualidade de vida e, consequentemente, com melhor *performance*.

Constituímo-nos da soma de nossas experiências, sejam elas pessoais, sejam profissionais, e tais vivências edificam crenças, valores e comportamentos expressos nas mais diversas situações que enfrentamos. É importante, pois, que você, gestor, aprenda a lidar consigo mesmo e, também, com os membros de sua equipe; é vital, ainda, que lembre que deve existir convergência entre os valores pessoais, de cada empregado, e os valores organizacionais.

Para a organização, os valores são expressos em três aspectos centrais: 1) como a organização trata o empregado; 2) como a organização estrutura os seus processos de trabalho, e 3) como a organização se relaciona com o ambiente externo. Um estilo gerencial que reflete qualidade de vida no trabalho representa um gestor que permite a participação de seus colaboradores nas decisões – os quais, direta ou indiretamente, terão a vida profissional e social afetada por isso – e que considera a existência da vida pessoal para além da vida profissional, entendendo o indivíduo como um ser global.

Nas últimas décadas, a adoção de estilos de gestão participativos tem conquistado espaço, pois, quando o empregado se sente envolvido na tomada de decisão, o resultado de seu trabalho torna-se mais eficaz. Assim, as diferentes teorias motivacionais aqui abordadas podem ser transformadas e programadas para estimular a motivação dos trabalhadores e, então, incentivar a motivação no contexto organizacional. Pode-se, por exemplo: implantar, a administração por objetivos, trabalhar com programas de reconhecimento e de envolvimento dos trabalhadores, replanejar, reorganizar e flexibilizar o trabalho, além de trabalhar com programas de remuneração variável, remuneração por competências e benefícios flexíveis.

Ainda, o novo perfil do profissional do século XXI busca não mais o trabalho como função vinculada apenas à remuneração, mas também pela atratividade de suas tarefas e pela qualidade de vida que esse trabalho pode lhe trazer. Assim, as empresas, atentas a esse novo perfil profissional, estão inserindo prática esportiva, programa de melhoria da alimentação, atividades de lazer e cultura e projetos com foco na saúde do trabalhador em sua rotina organizacional, no intuito de reter seus empregados e torná-los cada dia mais motivados e satisfeitos na realização de suas atividades. Afinal, um trabalhador satisfeito tende a permanecer por mais tempo na organização e realizar um trabalho com mais qualidade e produtividade. Assim, acreditamos que, com empregados motivados e satisfeitos, é possível alcançar o bem-estar de indivíduos e organizações.

Referências

ADAMS, G. A.; KING, L. A.; KING, D. W. Relationships of Job and Family Involvement, Family Social Support, and Work-family Conflict With Job and Life Satisfaction. **Journal of Applied Psychology**, Washington, v. 81, n. 4, p. 411-420, 1996.

ALVES, E. F. Programas e ações em qualidade de vida no trabalho. **Revista InterfacEHS**, v. 6, n. 1, abr. 2011. Disponível em: <http://www3.sp.senac.br/hotsites/blogs/InterfacEHS/wp-content/uploads/2013/08/4_ARTIGO_vol6n1.pdf>. Acesso em: 12 jun. 2014.

ANA ESCORSIN CONSULTORIA. Disponível em: <www.anaescorsin.com.br>. Acesso em: 3 jun. 2014.

ANJOS, D. D. dos; MAGRO, R. S. A função psicológica do trabalho. **Pro-Posições**, Campinas, v. 19, n. 1, p. 221-224, jan./abr. 2008. Disponível em: <http://www.scielo.br/scielo.php?script=sci_arttext&pid=S0103-73072008000100023>. Acesso em: 12 jun. 2014.

AZIRI, B. Job Satisfaction: a Literature Review. **Management Research and Practice**, v. 3, n. 4, p. 77-86, dez. 2011.

BABIN, B. J.; BOLES, J. S. The Effects of Perceived Co-worker Involvement and Supervisor Support on Service Provider Role Stress, Performance and Job Satisfaction. **Journal of Retailing**, New York, v. 72, n. 1, p. 57-75, 1996.

BALCÃO, Y. F.; CORDEIRO, L. L. **O comportamento humano na empresa**: uma antologia. Rio de Janeiro: FGV, 1975.

BALZER, W. K.; GILLESPIE, J. Z. Job Satisfaction Measurement. In: ROGELBERG, S. G. **Encyclopedia of Industrial and Organizational Psychology**. Thousand Oaks, CA: Sage, 2007. p. 410-413.

BARTOL, K. M. Individual Versus Organizational Predictors of

Job Satisfaction and Turnover Among Professionals. **Journal of Vocational Behavior**, v. 15, p. 55-67, 1979.

BERGAMINI, C. W. Motivação: mitos, crenças e mal entendidos. **Revista de Administração de Empresas**, São Paulo, v. 30, n. 2, abr./jun. 1990. Disponível em: <http://www.scielo.br/pdf/rae/v30n2/v30n2a03>. Acesso em: 12 jun. 2014.

_____. Motivação: uma viagem ao centro do conceito. **Revista de Administração de Empresas – RAE-executivo**, v. 1, n. 2, p. 63-67, 2003. Disponível em: <http://rae.fgv.br/sites/rae.fgv.br/files/artigos/1716.pdf>. Acesso em: 12 jun. 2014.

BETTENCOURT, L. A.; BROWN, S. W. Contact Employees: Relationships Among Workplace Fairness, Job Satisfaction and Prosocial Service Behaviors. **Journal of Retailing**, New York, v. 73, n. 1, p. 39-61, 1997.

BEZERRA, F. D. et al. Motivação da equipe e estratégias motivacionais adotadas pelo enfermeiro. **Revista Brasileira de Enfermagem**, Brasília, v. 63, n. 1, jan./fev. 2010. Disponível em: <http://www.scielo.br/scielo.php?script=sci_arttext&pid=S0034-71672010000100006>. Acesso em: 12 jun. 2014.

BOND, F. W.; BUNCE, D. The Role of Acceptance and Job Control in Mental Health, Job Satisfaction, and Work Performance. **Journal of Applied Psychology**, Washington, v. 88, n. 6, p. 1057-1067, 2003.

BRAGHIROLLI, E. M. et al. **Psicologia geral**. 15. ed. Porto Alegre: Vozes, 1998.

BRASIL. Decreto-Lei n. 5.452, de 1º de maio de 1943. **Diário Oficial da União**. Poder Executivo, Rio de Janeiro, 9 ago. 1943. Disponível em: <http://www.planalto.gov.br/ccivil_03/decreto-lei/del5452.htm> Acesse em: 14 jun, 2014.

_____. Lei n. 10.101, de 19 de dezembro de 2000. **Diário Oficial da União**, Poder Executivo, Brasília, DF, 20 dez. 2000. Disponível em: <http://www.planalto.gov.br/ccivil_03/leis/l10101.htm>. Acesso em: 14 jun. 2014.

BRASIL. Lei n. 12.832, de 20 de junho de 2013. **Diário Oficial da União**, Poder Executivo, Brasília, DF, 21 jun. 2013. Disponível em: <http://www.planalto.gov.br/ccivil_03/_Ato2011-2014/2013/Lei/L12832.htm>. Acesso em: 14 jun. 2014.

_____. Medida Provisória n. 597, de 26 de dezembro de 2012. **Diário Oficial da União**, Poder Executivo, Brasília, DF, 26 dez. 2012. Disponível em: <http://www.planalto.gov.br/ccivil_03/_Ato2011-2014/2012/Mpv/597.htm>. Acesso em: 14 jun. 2014.

BRAYFIELD, A. H.; ROTHE, H. F. An Index of Job Satisfaction. **Journal of Applied Psychology**, v. 35, n. 5, p. 307-311, out. 1951.

BROOKE, P. P.; RUSSELL, D. W.; PRICE, J. L. Discriminant Validation of Measures of Job Satisfaction, Job Involvement, and Organizational Commitment. **Journal of Applied Psychology**, v. 73, n. 2, p. 139-145, 1988.

BRUCK, C. S.; ALLEN, T. D.; SPECTOR, P. E. The Relation Between Work-family Conflict and Job Satisfaction: a Finer-grained Analysis. **Journal of Vocational Behavior**, v. 60, p. 336-353, 2002.

CAMPOS, D. C. **Atuando em psicologia do trabalho, psicologia organizacional e recursos humanos**. Rio de Janeiro: LTC, 2008.

CARSTEN, J. M.; SPECTOR, P. E. Unemployment, Job Satisfaction, and Employee Turnover: a Meta-analytic Test of the Muchinsky Model. **Journal of Applied Psychology**, v. 72, n. 3, p. 374-381, 1987.

CARVALHO, M. S.; PALMEIRA, E. M.; MARIANO, M. G. H. Liderança baseada na motivação e desenvolvimento de pessoal como estratégia de competitividade das organizações. **Observatorio de la Economía Latinoamericana**, n. 167, 2012. Disponível em: <http://www.eumed.net/cursecon/ecolat/br/12/cpm.html>. Acesso em: 12 jun. 2014.

CARVALHO, R. M. de S. Participação acionária de empregado não altera direitos trabalhistas. **Consultor Jurídico**, 29 dez. 2001. Disponível em: <http://www.

conjur.com.br/2001-dez-29/participacao_acionaria_empregado_nao_afeta_salario>. Acesso em: 12 jun. 2014.

CASADO, T. A motivação e o trabalho. In: FLEURY, M. T. L. (Coord.). **As pessoas na organização**. São Paulo: Editora Gente, 2002. p. 247-258.

CHAYAMITI, I. Conheça o novo escritório do Google. **Veja São Paulo**, 6 fev. 2013. Disponível em: <http://vejasp.abril.com.br/materia/escritorio-google>. Acesso em: 4 jun. 2014.

CHIAVENATO, I. **Gestão de pessoas**: o novo papel dos recursos humanos nas organizações. 3. ed. Rio de Janeiro: Elsevier, 2010.

_____. **Introdução à teoria geral da administração**: uma visão abrangente da moderna administração das organizações. 7. ed. Rio de Janeiro: Elsevier, 2003.

_____. **Teoria geral da administração**: abordagens prescritivas e normativas. 7. ed. Barueri: Manole, 2014.

CLARK, A. E. Job Satisfaction and Gender: Why are Woman so Happy at Work? **Labour Economics**, v. 4, p. 341-372, 1997.

CLOT, Y. **A função psicológica do trabalho**. Petrópolis: Vozes, 2006.

CONNOLLY, J. J.; VISWESVARAN, C. The Role of Affectivity in Job Satisfaction: a Meta-analysis. **Personality and Individual Differences**, v. 29, p. 265-281, 2000.

CROWLEY, M. C. How SAS Became the Word's Best Place to Work. **Fast Company**, 2013. Disponível em: <http://www.fastcompany.com/3004953/how-sas-became-worlds-best-place-work>. Acesso: 3 fev. 2014.

CURRIVAN, D. B. The Causal Order of Job Satisfaction and Organizational Commitment in Models of Employee Turnover. **Human Resource Management Review**, v. 9, n. 4, p. 495-524, 1999.

DAVIDOFF, L. L. **Introdução à psicologia**. 3. ed. São Paulo: Makron Books, 2001.

DAVIS, S. F.; BUSKIST; W. **21ˢᵗ Century Psychology**: a Reference Handbook. Thousand Oaks, CA: SAGE, 2008.

DESHPANDE, S. P. The Impact of Ethical Climate Types on Facets of Job Satisfaction: an Empirical Investigation. **Journal of Business Ethics**, v. 15, p. 655-660, 1996.

DÍAZ, I. Sede do Google Brasil em SP tem Kombi, sinuca e até galinha. **Globo.com**, Techtudo, 11 fev. 2014. Disponível em: <http://www.techtudo.com.br/noticias/noticia/2014/02/sede-do-google-brasil-em-sp-tem-kombi-sinuca-e-ate-galinha-veja-fotos.html>. Acesso em: 23 jul. 2014.

DITTRICH, J. E.; CARRELL, M. R. Organizational Equity Perceptions, Employee Job Satisfaction, and Departmental Absence and Turnover Rates. **Organizational Behavior and Human Performance**, v. 24, p. 29-40, 1979.

DONATO, V. Pesquisa mostra que 48% das pessoas estão infelizes no trabalho. **Globo.com**, Jornal Hoje, 11 jul. 2011. Disponível em: <http://g1.globo.com/jornal-hoje/noticia/2011/07/pesquisa-mostra-que-48-das-pessoas-estao-infelizes-no-trabalho.html>. Acesso em: 24 jan. 2014.

DUCHARME, L. J.; MARTIN, J. K. Unrewarding Work, Coworker Support, and Job Satisfaction: a Test of the Buffering Hypothesis. **Work and Occupations**, v. 27, n. 2, p. 223-243, May. 2000.

DUNNETTE, M. D.; CAMPBELL, J. P.; HAKEL, M. D. Factors Contributing to Job Satisfaction and Job Dissatisfaction in Six Occupational Groups. **Organizational Behavior and Human Performance**, v. 2, p. 143-174, 1967.

FARAGHER, E. B.; CASS, M.; COOPER, C. L. The Relationship Between Job Satisfaction and Health: a Meta-analisys. **Occupation Environment Medicine**, v. 62, n. 2, p. 105-112, fev. 2005.

FARRELL, D.; RUSBULT, C. E. Exchange Variables as Predictors of Job Satisfaction, Job Commitment, and Turnover: the Impact of Rewards, Costs, Alternatives, and Investments. **Organizational Behavior and Human Performance**, v. 27, n. 28, p. 78-95, 1981.

FERREIRA, M. C.; ALVES, L.; TOSTES, N. Gestão da qualidade de vida no trabalho no serviço público federal: o descompasso entre problemas e práticas gerenciais. **Psicologia: Teoria e Pesquisa**, v. 25, n. 3, p. 319-327, jul./set. 2009.

FINSLAB.COM. **Empregado do mês dicas**, 16 jan. 2014. Disponível em: <http://finslab.com/adminis trar-os-empregados/artigo-1623.html>. Acesso em: 12 jun. 2014.

FISHER, C. D. Mood and Emotions While Working: Missing Pieces of Job Satisfaction. **School of Business Discussion Paper**, Queensland, v. 64, p. 1-38, mar. 1998.

FORD, M. T.; HEINEN, B. A.; LANGKAMER, K. L. Work and Family Satisfaction and Conflict: a Meta-analysis of Cross-domain Relations. **Journal of Applied Psychology**, v. 92, n. 1, p. 57-80, 2007.

FREEMAN, R. B. Job Satisfaction as an Economic Variable. **National Bureau of Economic Research**, Cambridge, n. 225, p. 1-13, dez. 1977.

FRIED, Y. et al. The Mediating Effects of Job Satisfaction and Propensity to Leave on Role Stress-job Satisfaction Performance Relationships: Combining Meta-analysis and Structural Equation Modeling. **International Journal of Stress Management**, v. 15, n. 4, p. 305-328, 2008.

FRUTUOSO, S. G. Benefícios diferentes motivam funcionários. **Época**, 9 out. 2013. Disponível em: <http://epoca.globo.com/vida/vida-util/carreira/noticia/2013/10/bbeneficios-diferentes b-motivam-funcionarios.html>. Acesso em: 12 jun. 2012.

FRUYT, F.; WIELE, L. V.; HEERINGEN, C. V. Cloninger's Psychobiological Model of Temperament and Character and the Five-factor Model of Personality. **Personal and Individual Differences**, v. 29, p. 441-452, 2000.

GAERTNER, S. Structural Determinants of Job Satisfaction and Organizational Commitment in Turnover Models. **Human Resource Management Review**, v. 9, n. 4, p. 479-493, 1999.

GILBERT, E. **Comer, Rezar e Amar**. Rio de Janeiro: Objetiva, 2008.

GLASSDOOR. SAS **Institute Reviews**. Disponível em: <http://www.glassdoor.com/Overview/working-at-SAS-Institute-EI_IE3807.11.24.htm>. Acesso em: 13 nov. 2014.

GONDIM, S. M. G.; SILVA, N. Motivação no trabalho. In: ZANELLI, J. C.; BORGES-ANDRADE, J. R.; BASTOS, A. V. B. (Org.). **Psicologia, organizações e trabalho no Brasil**. Porto Alegre: Artmed, 2007. p.145-176.

HACKETT, R. D.; GUION, R. M. A Reevaluation of the Absenteeism-job Satisfaction Relationship. **Organizational Behavior and Human Decision Processes**, v. 35, p. 340-381, 1985.

HOCHWARTER, W. A. et al. Job Satisfaction and Performance: the Moderating Effects of Value Attainment and Affective Disposition. **Journal of Vocational Behavior**, v. 54, p. 296-313, 1999.

IAFFALDANO, M. T.; MUCHINSKY, P. M. Job Satisfaction and Job Performance: a Meta-analysis. **Psychological Bulletin**, v. 97, n. 2, p. 251-273, 1985.

IBC – Instituto Brasileiro de Coaching. Disponível em: <http://www.ibccoaching.com.br/>. Acesso em: 6 jun. 2014.

INSTITUTO VOTORANTIM. **+Vida**. Disponível em: <http://www.institutovotorantim.org.br/pt-br/RSC/publicoInterno/maisVida/Paginas/maisVida.aspx>. Acesso em: 12 jun. 2014.

JONGE, J. et al. Job Strain, Effort-reward Imbalance and Employee Well-being: a Large-scale Cross-sectional

Study. **Social Science & Medicine**, v. 50, p. 1317-1327, 2000.

JUDGE, T. A. et al. The Job Satisfaction-job Performance Relationship: a Qualitative and Quantitative Review. **Psychological Bulletin**, v. 127, n. 3, p. 376-407, 2001.

JUDGE, T. A. et al. The Relationship Between Pay and Job Satisfaction: a Meta-analysis of the Literature. **Journal of Vocational Behavior**, v. 77, p. 157-167, 2010.

JUDGE, T. A.; BONO, J. E. Relationship of Core Self-evaluations Traits: Self-esteem, Generalized Self-efficacy, Locus of Control, and Emotional Stability – with Job Satisfaction and Job Performance: a Meta-analysis. **Journal of Applied Psychology**, v. 86, n. 1, p. 80-92, 2001.

JUDGE, T. A.; BONO, J. E.; LOCKE, E. A. Personality and Job Satisfaction: the Mediating Role of Job Characteristics. **Journal of Applied Psychology**, v. 85, n. 2, p. 237-249, 2000.

JUDGE, T. A.; HELLER, D.; MOUNT, M. K. Five-factor Model of Personality and Job Satisfaction: a Meta-analysis. **Journal of Applied Psychology**, v. 87, n. 3, p. 530-541, 2002.

JUDGE, T. A.; WATANABE, S. Another Look at the Job Satisfaction-life Satisfaction Relationship. **Journal of Applied Psychology**, v. 78, n. 6, p. 939-948, 1993.

KALLEBERG, A. L. Work Values and Job Rewards: a Theory of Job Satisfaction. **American Sociological Review**, v. 42, p. 124-143, fev. 1977.

KALLEBERG, A. L.; LOSOCCO, K. A. Aging, Values, and Rewards: Explaining age Differences in Job Satisfaction. **American Sociological Review**, v. 48, p. 78-90, fev. 1983.

KAZDIN, A. E. **Encyclopedia of Psychology**. Oxford, UK: Oxford University, 2000.

KELLER, F. S. **Aprendizagem**: teoria do reforço. São Paulo: EPU, 1973.

KIM, S. Participative Management and Job Satisfaction: Lessons for Management Leadership. **Public Administration Review**, v. 62, n. 2, p. 231-241, mar.-abr. 2002.

KING, N. Clarification and Evaluation of the Two-factor Theory of Job Satisfaction. **Psychological Bulletin**, v. 74, n. 1, p. 18-31, 1970.

KINICKI, A. J. et al. Assessing the Construct Validity of The Job Descriptive Index: a Review and Meta-analysis. **Journal of Applied Psychology**, v. 87, n. 1, p. 14-32, 2002.

KNAPIK, J. **Gestão de pessoas e talentos**. 3. ed. Curitiba: Ibpex, 2011.

KOHN, M. L.; SCHOOLER, C. Occupational Experience and Psychological Functioning: an Assessment of Reciprocal Effects. **American Sociological Review**, v. 38, p. 97-118, Feb. 1973.

KOSSEK, E. E.; OZEKI, C. Work-family Conflict, Policies, and the Job-life Satisfaction Relationship: a Review and Directions for Organizational Behavior-human Resources Research. **Journal of Applied Psychology**, Washington, v. 83, n. 2, p. 139-149, 1998.

LADEIA, B. 8 empresas com horários flexíveis para os funcionários. **Exame.com**, 17 jun. 2013. Disponível em: <http://exame.abril.com.br/negocios/noticias/empresas-com-horario-flexivel>. Acesso em: 12 jun. 2014.

LAWLER, E. E.; HALL, D. T. Relationship of Job Characteristics to Job Involvement, Satisfaction, and Intrinsic Motivation. **Journal of Applied Psychology**, v. 54, n. 4, p. 305-312, 1970.

LEARY, M. R.; HOYLE, R. H. **Handbook of Individual Differences in Social Behavior**. New York: Guilford, 2009.

LIMA, M. E. A. Resenha do livro A função psicológica do trabalho, de Yves Clot. **Cadernos de Psicologia Social do Trabalho**, São Paulo, v. 9, n.2. p. 109-114, 2006. Disponível em: <http://www.revistas.usp.br/cpst/article/

viewFile/25971/27702>. Acesso em: 14 jun. 2014.

LIMA, T. J. S. **Modelos de valores de Schwartz e Gouveia**: comparando conteúdos, estrutura e poder preditivo. 171 f. Dissertação (Mestrado em Psicologia) – Universidade Federal da Paraíba, João Pessoa, 2012. Disponível em: <http://www.cchla.ufpb.br/ppgps/pdf/dissertacoes/2012/Tiago%20Jesse%20Souza%20Lima%202012.pdf>. Acesso em: 3 jun. 2014.

LLORENTE, R. M. B.; MACÍAS, E. F. Job Satisfaction as an Indicator of the Quality of Work. **The Journal of Socio-Economics**, v. 34, p. 656-673, 2005.

LOCKE, E. A. What is Job Satisfaction? **Organizational Behavior and Human Performance**, v. 4, p. 309-336, 1969.

LOHER, B. T. et al. A Meta-analysis of the Relation of Job Characteristics to Job Satisfaction. **Journal of Applied Psychology**, v. 70, n. 2, p. 280-289, 1985.

MACHADO, D. C.; SILVA, A. F. R. E. da. **Um indicador de satisfação no trabalho e a mobilidade do mercado de trabalho**: um estudo para homens e mulheres. Disponível em: <http://www.uff.br/econ/download/tds/UFF_TD263.pdf>. Acesso em: 12 jun. 2014.

MACHADO, J. **O conceito Google de gestão de pessoas**. 26 mar. 2013. Disponível em: <http://poseadulbra2013.blogspot.com.tr/2013/03/o-conceito-google-de-gestao-de-pessoas.html>. Acesso em: 12 jun. 2014.

MADUREIRA, R. Competição premia o empreendedor que vender mais. **No Varejo**, 3 dez. 2013. Disponível em: <http://www.portalnovarejo.com.br/index.php/vendas/item/7878-competicao-premia-empreendedor-que-vender-mais>. Acesso em: 12 jun. 2014.

MALHOTRA, H. B. Job Satisfacion? Depends on Who You Talk to. **The Epoch Times**, Feb. 10, 2010. Disponível em: <http://www.theepochtimes.com/n2/business/job-satisfaction-best-company-

work-fortune-employ-29351.html>. Acesso: 3 fev. 2014.

MARQUEZE, E. C.; MORENO, C. R. C. Satisfação no trabalho: uma breve revisão. **Revista Brasileira de Saúde Ocupacional**, São Paulo, v. 30, n. 112, p. 69-79, 2005.

MELO, L. Chefe é mais feliz com o trabalho e vida pessoal, diz estudo. **Exame**.com, 17 jan. 2014. Disponível em: <http://exame.abril.com.br/negocios/noticias/chefe-e-mais-feliz-com-trabalho-e-vida-pessoal-diz-estudo>. Acesso: 24 jan. 2014.

MINICUCCI, A. **Psicologia aplicada à administração**. 5. ed. São Paulo: Atlas, 2007.

MITCHELL, T. R. Expectancy Models of Job Satisfaction, Occupational Preference and Effort: a Theoretical, Methodological, and Empirical Appraisal. **Psychological Bulletin**, v. 81, n. 12, p. 1053-1077, 1974.

MOLLEINDUSTRIA. **Every day the same dream**. 2009. Disponível em: <http://www.molleindustria.org/everydaythesamedream/everydaythesamedream.html>. Acesso em: 26 jan. 2014.

MOORMAN, R. H.; NIEHOFF, B. P.; ORGAN, D. W. Treating Employees Fairly and Organizational Citizenship Behavior: Sorting the Effects of Job Satisfaction, Organizational Commitment, and Procedural Justice. **Employee Responsibilities and Rights Journal**, v. 6, n. 3, p. 209-225, 1993.

MUOGBO, U. S. The Impact of Employee Motivation on Organisational Perfomance: a Study of Some Selected Firms in Anambra State Nigeria. **The International Journal of Engineering and Science**, v. 2, ed. 7, p. 70-80, 2013.

OLIVEIRA, de.; CARVALHO, R. J.; ROSA, A. C. M. Clima organizacional: fator de satisfação no trabalho e resultados eficazes na organização. In: SIMPÓSIO DE EXCELÊNCIA EM GESTÃO E TECNOLOGIA – SEGeT, 9., 2012, Paranavaí. **Anais**... Paranavaí: Fafipa, 2013.

PAIVA, K. C. M.; COUTO, J. H. Qualidade de vida e estresse gerencial "pós-choque de gestão": o caso da Copasa-MG. **Revista de Administração Pública**, Rio de Janeiro, v. 6, n. 42, p. 1189-1211, nov./dez. 2008.

PARKER, S. K. Job Satisfaction. In: ROGELBERG, S. G. **Encyclopedia of Industrial and Organizational Psychology**. Thousand Oaks, CA: Sage, 2007. p. 406-410.

PEREIRA, M. C. A.; FAVERO, N. A motivação no trabalho da equipe de enfermagem. **Revista Latino-Americana de Enfermagem**, Ribeirão Preto, v. 9, n. 4, 2001. Disponível em: <http://www.scielo.br/scielo.php?script=sci_arttext&pid=S0104-11692001000400002>. Acesso em: 12 jun. 2014.

PHILIPS. Sustentabilidade. **Programa Qualidade de vida**. 2014. Disponível em: <http://www.sustentabilidade.philips.com.br/responsabilidade-individual/programa-qualidade-de-vida.htm>. Acesso em: 12 jun. 2014.

PITTERI, S. Resenha: medidas do comportamento organizacional – ferramentas de diagnóstico e de gestão. **Gestão e Regionalidade**, v. 27, n. 80, p. 114-115, maio-ago. 2011. Resenha.

PRITCHARD, R. D.; KARASICK, B. W. The Effects of Organizational Climate on Managerial Job Performance and Job Satisfaction. **Organizational Behavior and Human Performance**, v. 9, p. 126-146, 1973.

ROBBINS, S. **Comportamento organizacional**. 11. ed. São Paulo: Pearson Prentice Hall, 2005.

ROECKELEIN, J. **Elsevier's Dictionary of Psychological Theories**. Amsterdam: Elsevier, 2006.

SAGIE, A. Employee Absenteeism, Organizational Commitment, and Job Satisfaction: Another Look. **Journal of Vocational Behavior**, v. 52, p. 156-171, 1998.

SANTOS, F. de B. **Qualidade de vida no trabalho, no ambiente do gabinete da Ministra Delaíde**

Alves Miranda Arantes, do Tribunal Superior do Trabalho, no ano de 2013. 54 f. Trabalho de Conclusão de Curso (Graduação em Administração) – Faculdades Integradas da União do Planalto Central, Gama, 2013. Disponível em: <http://dspace.faciplac.edu.br/bitstream/123456789/127/1/EC_TCC201306FERNANDODEBRITOSANTOS_SA.pdf>. Acesso em: 12 jun. 2014.

SAS – The Power to Know. **Nossa empresa**: sobre o SAS. 2014. Disponível em: <http://www.sas.com/offices/latinamerica/brazil/institucional.html>. Acesso em: 3 fev. 2014.

SCANDURA, T. A.; LANKAU, M. J. Relationships of Gender, Family Responsibility and Flexible Work Hours to Organizational Commitment and Job Satisfaction. **Journal of Organizational Behavior**, v. 18, p. 377-391, 1997.

SCHAFFER, R. H. Job Satisfaction as Related to Need Satisfaction in Work. **Psychological Monographs: General and Applied**, v. 67, n. 14, p. 1-29, 1953.

SCHERMERHORN, J. J. et al. **Organizational Behavior**. 11. ed. Hoboken, NJ: John Wiley & Sons, 2010.

SHORE, L. M.; MARTIN, H. J. Job Satisfaction and Organizational Commitment in Relation to Work Performance and Turnover Intentions. **Human Relations**, v. 42, n. 7, p. 625-638, 1989.

SILVA, C. M. C.; PEIXOTO, R. R.; BATISTA, J. M. R. A influência da liderança na motivação da equipe. **Revista Eletrônica Novo Enfoque**, v. 13, n. 13, p. 195-206, 2011.

SIQUEIRA, M. M. M. **Medidas do comportamento organizacional**: ferramentas de diagnóstico e gestão. Porto Alegre: Artmed, 2008.

SPECTOR, P. E. Measurement of Human Service Staff Satisfaction: Development of the Job Satisfaction Survey. **American Journal of Community Psychology**, v. 13, n. 6, p. 693-713, 1985.

TAIT, M; PADGETT, M. Y.; BALDWIN, T. T. Job and Life

Satisfaction: a Reevaluation of the Strength of the Relationship and Gender Effects as a Function of the Date of the Study. **Journal of Applied Psychology**, Washington, v. 74, n. 3, p. 502-507, 1989.

TAMAYO, A.; PASCHOAL, T. A relação da motivação para o trabalho com as metas do trabalhador. **Revista de Administração Contemporânea**, Curitiba, v. 7, n. 4, out.-dez. 2003.

TELLA, A.; AYENI, C. O.; POPOOLA, S. O. Work Motivation, Job Satisfaction, and Organisational Commitment of Library Personnel in Academic and Research Libraries in Oyo State, Nigeria. **Library Philosophy and Practice**, v. 118, 16 abr. 2007. Disponível em: <http://digitalcommons.unl.edu/cgi/viewcontent.cgi?article=1118&context=libphilprac>. Acesso em: 12 jun. 2014.

TRINDADE, U. C. M. da ; SANTOS, M. L. da C.; CAVALCANTI, F. T. A motivação como um diferencial competitivo. In: CONGRESSO DE PESQUISA E INOVAÇÃO DA REDE NORTE NORDESTE DE EDUCAÇÃO TECNOLÓGICA, 2., 2007, João Pessoa. **Anais...** João Pessoa: Connepi, 2007. Disponível em: <http://www.credenet.edu.br/publicacoes/arquivos/20080922_093645_COME-005.pdf>. Acesso em 12 nov 2014.

TURNLEY, W. H.; FELDMAN, D. C. Re-examining the Effects of Psychological Contract Violations: Unmet Expectations and Job Dissatisfaction as Mediators. **Journal of Organizational Behavior**, v. 21, p. 25-42, 2000.

VAZ, T. 8 empresas que buscam dar qualidade de vida aos funcionários. **Exame.com**, 9 jan. 2013. Disponível em: <http://exame.abril.com.br/negocios/noticias/8-empresas-que-buscam-dar-qualidade-de-vida-aos-funcionarios/>. Acesso em: 12 jun. 2014.

VILLA-LOBOS, D.; RUSSO, R.; BONFÁ, M. Música de trabalho. In: LEGIÃO URBANA. **A tempestade**. Rio de Janeiro: EMI Music, 1996. 1 CD.

VOCÊ S/A. As melhores empresas para você trabalhar – 2013. **Exame.com,** 2013. Disponível em: <http://exame.abril.com.br/revista-voce-sa/melhores-empresas-para-trabalhar/2013/>. Acesso: 1 fev. 2014.

VOLKSWAGEN. **Bem vindo ao programa de Trainee 2014.** Disponível em: <http://www.vw.com.br/pt/institucional/RecursosHumanos/Programa_de_Trainee.html>. Acesso em: 12 jun. 2014a.

VOLKSWAGEN. **Job Rotation.** Disponível em: <http://www.vw.com.br/pt/institucional/RecursosHumanos/Program_de_Trainee/job-rotation.html>. Acesso em:12 nov. 2014b.

WACHOWICZ, M. C. **Segurança, saúde e ergonomia**. Curitiba: Ibpex, 2007.

WAGNER, J. A.; HOLLENBECK, J. R. **Organizational Behavior**: Securing Competitive Advantage. 5. ed. New York: Routledge, 2010.

WANOUS, J. P.; LAWLER, E. D. E. Measurement and Meaning of Job Satisfaction. **Journal of Applied Psychology,** v. 56, n. 72, p. 95-105, 1972.

WANOUS, J. P.; REICHERS, A. E.; HUDY, M. J. Overall Job Satisfaction: How Good are Single-item Measures? **Journal of Applied Psychology,** v. 82, n. 2, p. 247-252, 1997.

WEISS, H. M. Deconstructing Job Satisfaction: Separating Evaluations, Beliefs and Affective Experiences. **Human Resources Management Review,** v. 12, p. 173-194, 2002.

WEISS, H. M.; NICHOLAS, J. P.; DAUS, C. S. An Examination of the Joint Effects of Affective Experiences and Job Beliefs on Job Satisfaction and Variations in Affective Experiences Over Time. **Organizational Behavior and Human Decision Processes,** v. 78, n. 1, p. 1-24, 1999.

WRIGHT, T. A.; BONETT, D. G. Job Satisfaction and Psychological Well-being as Nonadditive Predictors of Workplace Turnover. **Journal of Management,** v. 33, n. 2, p. 141-160, abr. 2007.

WRIGHT, T. A.; CROPANZANO, R. Psychological Well-being and Job Satisfaction as Predictors of Job-performance. **Journal of Occupational Health Psychology,** v. 5, n. 1, p. 84-94, 2000.

Capítulo 1

Questões para revisão

1. A resposta correta é a alternativa **a**; apenas a alternativa I está correta. A motivação é uma força interna do indivíduo que impulsiona a ação. A alternativa II está incorreta, pois os estímulos são energias externas, e não internas, que podem gerar uma resposta do indivíduo. A alternativa III também está incorreta, pois cada indivíduo pode ter motivações diferentes, dependendo de suas percepções, contexto individual, cultura etc.

2. A resposta correta é a alternativa **b**. A motivação sempre envolve objetivos e metas a serem alcançados. A alternativa **a** está incorreta, pois nem sempre a motivação necessita partir de uma necessidade fisiológica; se esta já está satisfeita, a motivação poderá partir de outro tipo de necessidade, como as necessidades sociais. A alternativa **c** está incorreta, pois nem sempre os indivíduos empregam a intensidade do esforço necessária para o alcance de objetivos e metas. A alternativa **d** está incorreta, pois a motivação é uma força interna, portanto intrínseca, do indivíduo que impulsiona a ação; Ela pode ser motivada por características extrínsecas ao indivíduo, porém não somente elas. A alternativa **e** está incorreta, pois o comportamento do indivíduo é dependente da sua motivação.

3. A resposta correta é a alternativa **e**. O salário é um benefício e uma obrigação da empresa, pois se trata da remuneração pelos serviços prestados; assim, não se trata de um fator motivacional.

A alternativa **a** está incorreta, pois motivação não é o mesmo que satisfação. A letra **b** está incorreta, pois o clima organizacional é um importante fator da gestão de recursos humanos. A letra **c** está incorreta, pois o clima é, em certo aspecto, uma reação à cultura organizacional. A letra **d** está incorreta, pois a cultura de uma organização não é facilmente modificável.

4. A afirmativa está incorreta, pois não se pode generalizar que a motivação no trabalho depende, em primeiro lugar, de compensações financeiras e sociais – o que motiva um indivíduo não motiva o outro, e nem todas as pessoas são motivadas por fatores financeiros. Veja o caso de voluntários de organizações não governamentais (ONG), asilos, creches etc. Essas pessoas não são motivadas por compensações financeiras, até mesmo porque é um trabalho voluntário (sem compensação financeira): o que as motiva, por exemplo, são as necessidades de estima, de dar e receber afeto, carinho, entre outros fatores.

5. As desvantagens da competição são: a) Nem todos anseiam por progresso nem por cargos mais altos; enquanto há colaboradores que são ambiciosos, há os que desejam evitar esse tipo de situação. b) A excessiva competição pode desestruturar uma empresa inteira. c) Em muitos trabalhos, é difícil mensurar quem foi o mais bem-sucedido, uma vez que é impossível identificar a produção de cada um. d) A competição pode levar à pressão no ambiente de trabalho, e pressão pode levar à frustração.

Capítulo 2

Questões para revisão

1. A resposta correta é a alternativa **c** (o enriquecimento de cargos lateral e vertical). Veja o relato dos funcionários: as atividades não utilizam plenamente os seus potenciais. Assim, é necessário um redesenho dos cargos, com foco no "enriquecimento de tarefas" ou no "enriquecimento dos próprios cargos". Trata-se de uma proposta para a motivação contínua no trabalho, perspectiva defendida por Herzberg. O enriquecimento é o acompanhamento entre o nível de dificuldade das tarefas exercidas pelos funcionários *versus* o crescimento individual de cada empregado, de modo a oferecer sempre desafios para eles, a fim de motivá-los.

    Para Chiavenato (2003, p. 335), o "enriquecimento de tarefas pode ser vertical (eliminação de tarefas mais simples e acréscimo de tarefas mais complexas) ou horizontal (eliminação de tarefas relacionadas com certas atividades e acréscimo de outras tarefas diferentes, mas no mesmo nível de dificuldade)".

2. A resposta correta é a alternativa **a**. O item III está incorreto, pois as necessidades mais elevadas, segundo Maslow, são as de autorrealização, as quais estão relacionadas com a nossa necessidade de se autorrealizar em suas atividades, com as necessidades de desenvolvimento e crescimento, profissional e pessoal. Assim a alternativa V também está incorreta, pois as necessidades de amizade, participação, filiação a grupos, amor e afeto são as necessidades sociais.

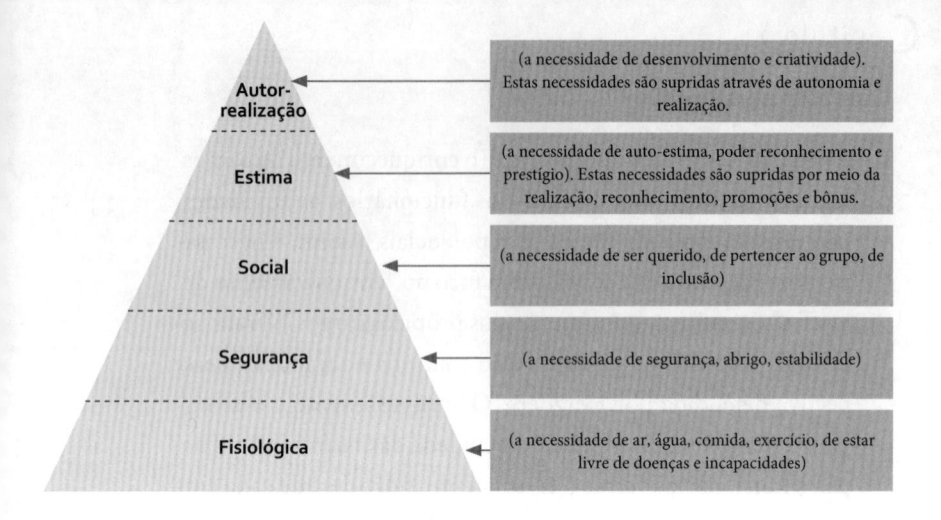

Auto-realização	(a necessidade de desenvolvimento e criatividade). Estas necessidades são supridas através de autonomia e realização.
Estima	(a necessidade de auto-estima, poder reconhecimento e prestígio). Estas necessidades são supridas por meio da realização, reconhecimento, promoções e bônus.
Social	(a necessidade de ser querido, de pertencer ao grupo, de inclusão)
Segurança	(a necessidade de segurança, abrigo, estabilidade)
Fisiológica	(a necessidade de ar, água, comida, exercício, de estar livre de doenças e incapacidades)

3. A resposta correta é a letra c, (teoria X e Y).

Pressuposições da teoria X	Pressuposições da teoria Y
As pessoas são preguiçosas e indolentes.	As pessoas são esforçadas e gostam de ter o que fazer.
As pessoas evitam o trabalho.	O trabalho é uma atividade tão natural como brincar ou descansar.
As pessoas evitam a responsabilidade, a fim de se sentirem mais seguras.	As pessoas procuram e aceitam responsabilidades e desafios.
As pessoas precisam ser controladas e dirigidas.	As pessoas podem ser automotivadas e autodirigidas.
As pessoas são ingênuas e sem iniciativa.	As pessoas são criativas e competentes.

Fonte: Chiavenato, 2003, p. 339.

4. Não, pois o reforço dado ao comportamento errado aumenta a probabilidade de esse comportamento ocorrer em situações semelhantes. Para a teoria do reforço, a utilização de reforços

pode condicionar o comportamento. Por exemplo, se toda vez que você produzir mais do que os colegas você for censurado, provavelmente isso vai reduzir sua produtividade. Mas o contrário acontecerá: se toda vez que produzir mais você for premiado por tal atitude (recompensas financeiras, como bônus, descanso e elogios), você tenderá a ser incentivado e a continuar mantendo tal comportamento. Além disso, tal atitude, premiar um funcionário com mau comportamento, desmotiva os demaisque se esforçam para cumprir com os objetivos organizacionais.

5. A teoria das necessidades de McClelland é baseada em três pontos: 1) necessidade de realização: busca da excelência, de se realizar em relação a determinados padrões, de lutar pelo sucesso; 2) necessidade de poder: necessidade de fazer com que outros se comportem de um modo que não fariam naturalmente; 3) necessidade de associação/afiliação: desejo de relacionamentos interpessoais próximos e amigáveis. A resposta correta ao enunciado é a necessidade de realização.

Capítulo 3

Questões para revisão

1. É consenso entre os estudiosos que a presença da motivação nas organizações gera aumento de produtividade, melhora da qualidade, melhora dos relacionamentos interpessoais e redução dos índices de absenteísmo (faltas ao trabalho) e *turnover* (rotatividade de pessoas).

2. Pode-se articular o uso da administração por objetivos com a teoria da fixação de objetivos, pois ambas trabalham com fixação de metas específicas e *feedback*. Segundo Robbins (2005), a teoria da fixação de objetivos demonstra que o estabelecimento

de metas específicas leva a um melhor desempenho e que os *feedbacks* permitem o aprimoramento desse desempenho. Da mesma forma, Tamayo e Paschoal (2003) afirmam que as estratégias de motivação laboral são mais eficientes quando correspondem diretamente a metas do trabalhador. Utilizando a administração por objetivos, permite-se que o trabalhador participe da fixação de suas metas e que tenha clareza daquilo que é esperado dele e em que tempo, sempre a partir de parâmetros oferecidos por meio do acompanhamento do processo. Com essas ações, pode-se gerar mais comprometimento do empregado com o trabalho, oferecendo a ele mais segurança e motivação.

3. A resposta correta é a alternativa **d**. Se o objetivo é criar um clima de colaboração, o ideal é utilizar algum incentivo grupal. As recompensas de grupo sugeridas na alternativa **a** e as individuais sugeridas nas alternativas **b** e **c** vão estimular a competitividade.

4. A resposta correta é a alternativa **b**. Para articular remuneração com desempenho, o ideal é utilizar o modelo de remuneração por competências ou o modelo de remuneração variável, pois ambos estimulam o desempenho. Privilegiar o tempo de empresa é uma estratégia dos sistemas tradicionais de remuneração, os quais enfocam o cargo ocupado e não as habilidades do profissional.

5. A resposta correta é a alternativa **c**. O reconhecimento dos empregados, por meios formais ou informais, pode encontrar embasamento na teoria do reforço. Como explica Robbins (2005), para estimular que um comportamento considerado positivo pela organização seja repetido, ele deve ser recompensado com reconhecimento logo após a sua ocorrência. Assim, reconhecer o comportamento positivo do empregado logo após a sua realização fará com que a pessoa busque essa situação novamente.

Por exemplo, ser elogiado por um bom atendimento prestado ao cliente tende a estimular o bom atendimento para que novos elogios aconteçam. Assim, o reconhecimento permite a repetição de um comportamento desejável e promove motivação.

Questões para reflexão

1. Diversas são as possibilidades para estimular a motivação das pessoas em relação ao trabalho. No Capítulo 3, foram identificados alguns caminhos, como implementar a administração por objetivos, utilizar programas de envolvimento e reconhecimento dos empregados e empregar sistemas de recompensas diferenciados.

2. Uma palestra motivacional pode dar uma injeção de ânimo nas pessoas. Porém, seu poder de motivar e de modificar comportamentos é baixo.

3. Essa é uma escolha individual! Reflita sobre qual das metodologias estudadas seria capaz de estimular mais a sua motivação.

Capítulo 4

Questões para revisão

1. A resposta correta é a alternativa **c**, pois a disposição em aceitar previamente estímulos que não estão sob controle do trabalhador é uma propriedade pessoal que varia para cada indivíduo. As demais alternativas referem-se às causas situacionais da satisfação no trabalho: *feedback*, identidade da tarefa e variedade de habilidades, respectivamente.

2. A resposta correta é a alternativa e, pois comportamentos de cidadania organizacional são voluntários e visam ao bem-estar de todos: colegas, supervisores, clientes e organização.

3. A resposta correta é a alternativa **c**, pois fatores higiênicos, como salário e remuneração, não são capazes de gerar satisfação (quando presentes), mas podem gerar insatisfação (quando faltantes).

4. Como o trabalho ocupa espaço central na vida do homem e a função psicológica do trabalho é exclusiva e essencial para a construção do próprio indivíduo, da sua identidade e da sua saúde, a satisfação ou a insatisfação no trabalho podem dar indícios da saúde física e mental do indivíduo, bem como da medida de sua realização no trabalho.

5. A definição de satisfação como uma atitude diante do trabalho é mais abrangente, pois, além de incluir estados afetivos (emoções), também abrange crenças e comportamentos relativos ao trabalho.

Capítulo 5

Questões para revisão

1. A resposta correta é a alternativa **a**, pois a violência, o absenteísmo e a rotatividade são consequências (reflexos) diretas da insatisfação do trabalhador; a insatisfação e o estresse no trabalho tendem a causar doenças ocupacionais, aumentando os custos da empresa para manter a saúde do trabalhador. Altos níveis de responsabilidade no trabalho não são necessariamente estressores, muito menos inclinações pessoais.

2. A resposta correta é a alternativa **d**, pois tanto a satisfação quanto o comprometimento são atitudes perante o trabalho, ou seja, são compostos de crenças, afetos e comportamentos; além disso, apesar dos desafios de se mensurar a satisfação no trabalho, existem inúmeros estudos científicos dedicados a esse tema.

3. É impossível, logicamente, que todas as alternativas estejam corretas. A resposta correta é a alternativa c, pois estudos recentes demonstram que existem relações complexas entre satisfação no trabalho e desempenho de indivíduos e organizações, visto que essas variáveis se influenciam mutuamente.

4. Medir a satisfação global significa, em geral, tratar de um construto de forma abstrata e mais ampla, o que permite a utilização tanto de medidas mais simples de item único quanto de mensurações de múltiplos itens mais sofisticadas. Mensurar a satisfação composta (ou de facetas) impede a utilização eficaz de medidas simples, em especial aquelas de item único, pois requer o tratamento de diversos aspectos do trabalho.

5. O papel dos gestores na condução de melhorias na satisfação no trabalho é importante por vários motivos, entre os quais se destacam dois: as principais causas da insatisfação ou da satisfação no trabalho são situacionais e a ação sobre elas está principalmente em poder dos gestores; além disso, aumento da satisfação e redução da insatisfação no trabalho requerem o alinhamento de ações de mudança com os valores dos trabalhadores; por isso, os gestores fazem o papel de mediadores entre indivíduos e organizações.

Capítulo 6

Questões para revisão

1. Satisfação com a tarefa, reconhecimento, salário, benefícios, relacionamento interpessoal, ambiente físico e psicológico, liberdade e possibilidade de participação.

2. Aumento da motivação e satisfação, aumento da produtividade, aumento da qualidade, melhoria da saúde e do bem-estar,

melhoria nos relacionamentos interpessoais, e redução de absenteísmo e rotatividade.

3. A resposta correta é a alternativa **b**. A QVT exige visão integrada entre indivíduo e organização, envolvendo ambiente físico e psicológico e necessitando de diagnóstico para que os programas sejam implantados. As ações de QVT visam à promoção da saúde e do bem-estar de todos aqueles que trabalham na organização.

4. A resposta correta é a alternativa **c**. Os PQVTs devem envolver apoio psicológico, benefícios familiares e clareza de políticas e procedimentos.

5. A resposta correta é a alternativa **c**. Os PQVTs devem levar em conta as necessidades de todos os empregados, não apenas dos gestores.

Questões para reflexão

1. Com base nos exemplos apresentados, você deve pensar na cultura da organização em que trabalha e projetar um PQVT adequado para o contexto.

2. Identifique qual dos programas apresentados mais o agradou e reflita sobre a sua escolha.

3. Com base no entendimento da QVT, reflita sobre como está a sua qualidade de vida.

Sobre as autoras

Carolina de Souza Walger de Almeida é mestre em Administração na área de estratégia e análise organizacional pela Universidade Federal do Paraná (UFPR), especialista em Psicologia Organizacional e do Trabalho pelo Conselho Federal de Psicologia (CFP), especialista em Gestão Estratégica de Pessoas pela Pontifícia Universidade Católica do Paraná (PUCPR) e graduada em Psicologia também pela Pontifícia Universidade Católica do Paraná (PUCPR). Atualmente é consultora na área de recursos humanos e docente do Centro Universitário Internacional Uninter, nos níveis de graduação e pós-graduação.

Larissa Viapiana é mestre em Administração pela Universidade Federal do Paraná (UFPR), na linha de pesquisa de Estratégia de Marketing e Comportamento do Consumidor, e graduada em Administração pela Universidade Tecnológica Federal do Paraná (UTFPR). Atuou como professora de ensino básico, técnico e tecnológico na UTFPR, ministrando disciplinas da área de Gestão. Atuou também como professora da modalidade a distância para a no Centro Universitário Internacional Uninter. Atualmente, presta serviços como pesquisadora nos Observatórios Sesi/Senai/IEL Paraná e ministra disciplinas de Marketing nas faculdades Esic. Tem como interesses de pesquisa o comportamento do consumidor, especialmente sob a perspectiva do terceiro, bem como o estudo da satisfação e do bem-estar humanos, em diferentes contextos.

Mariana Monfort Barboza é mestre em Administração na área de estratégia de marketing e comportamento do consumidor pela Universidade Federal do Paraná (UFPR) e Bacharel em Administração pela Universidade Federal de Mato Grosso do Sul (UFMS). Atualmente é professora e auxiliar de coordenação nos cursos superiores tecnológicos do Centro Universitário Internacional Uninter. É também professora de graduação e pós-graduação do Estação Business School e professora de pós-graduação em outras instituições de ensino superior do Paraná. É autora de livros e artigos nacionais e internacionais na área de estratégia de marketing e comportamento do consumidor.

Os papéis utilizados neste livro, certificados por instituições ambientais competentes, são recicláveis, provenientes de fontes renováveis e, portanto, um meio responsável e natural de informação e conhecimento.

FSC
www.fsc.org
MISTO
Papel produzido
a partir de
fontes responsáveis
FSC® C074432

Impressão: Maxigráfica
Março / 2018